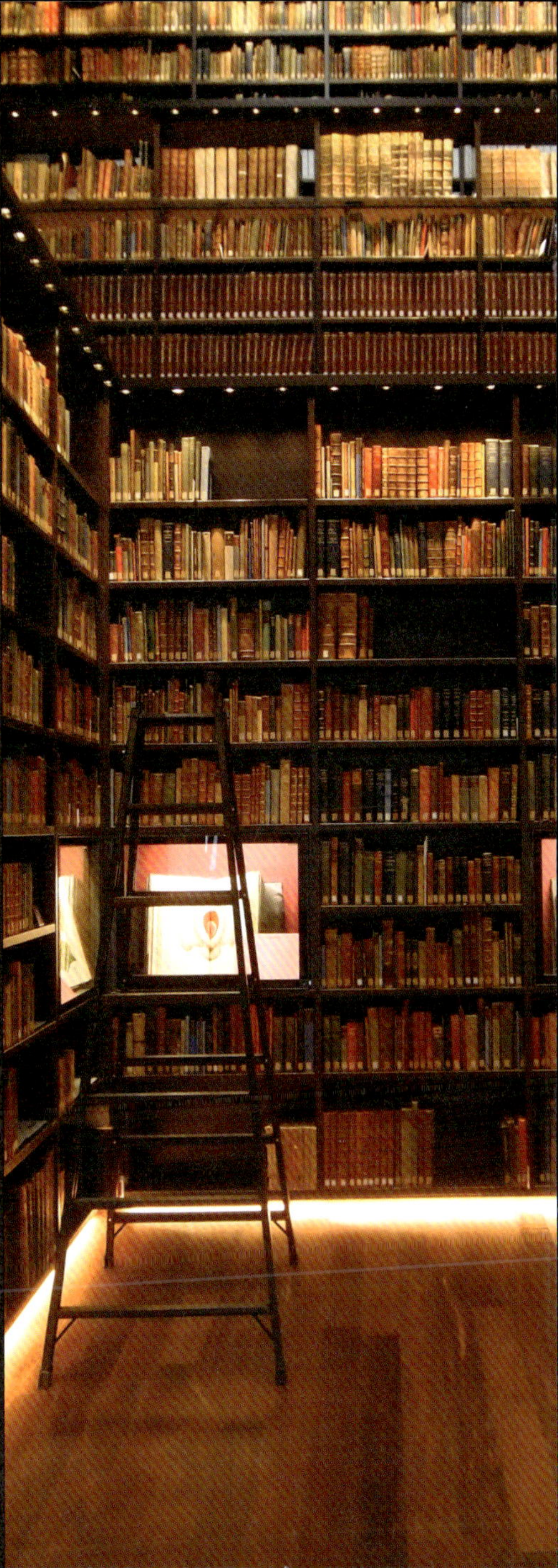

公益財団法人 東洋文庫――監修
岡本隆司――編

G・E・モリソンと近代東アジア

東洋学の形成と東洋文庫の蔵書

勉誠出版

(上) ①モリソン家族写真 (以下、口絵に掲載した資料は全て東洋文庫蔵)
(下) ②モリソンと使用人

（上）③北京モリソン邸の書庫
（下）④北京モリソン邸外観 ……………（本書10・249頁参照）

◉モリソン文庫所蔵の優品

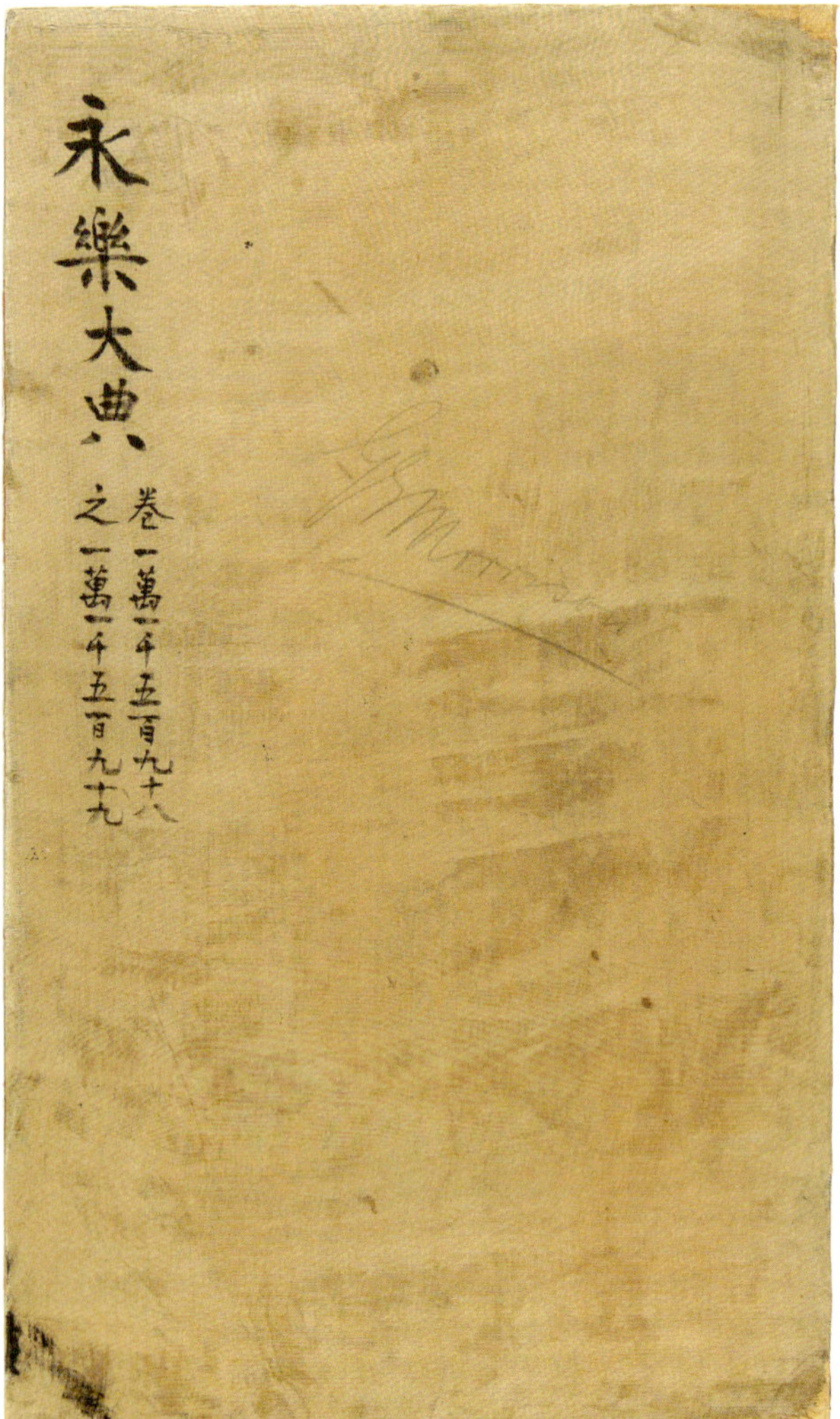

⑤永楽大典　巻11598 ～ 11599（表紙にモリソン自筆の書き入れを有する）……………………………… （本書17頁参照）

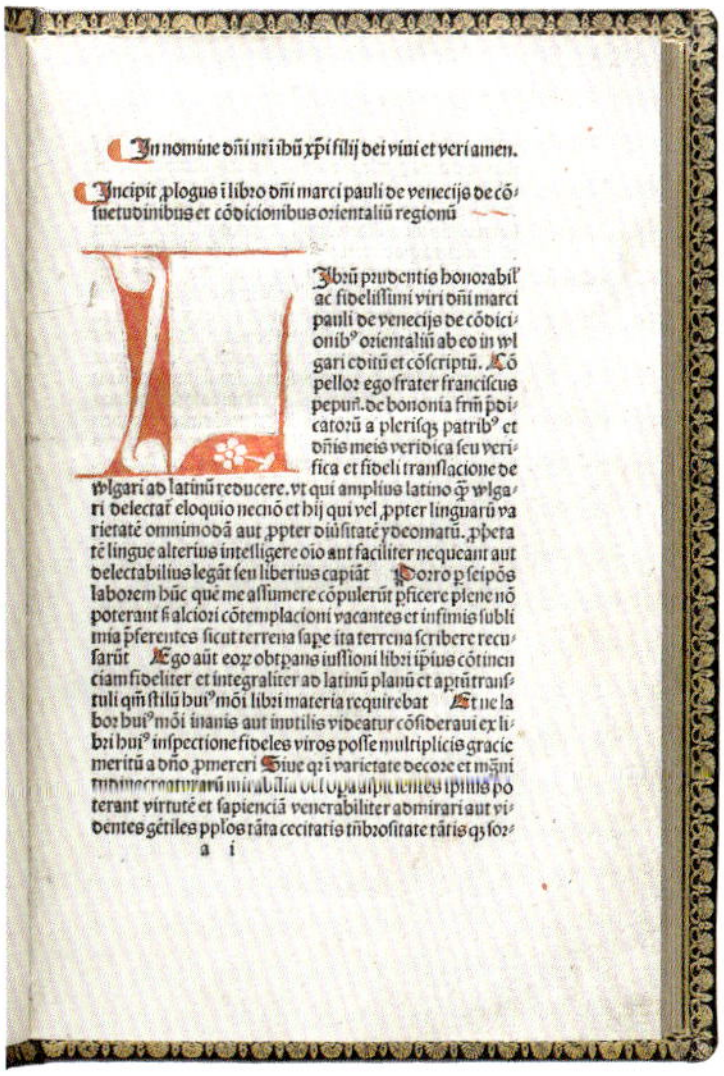

⑥東方見聞録　1485年ラテン語版…………（本書29頁参照）

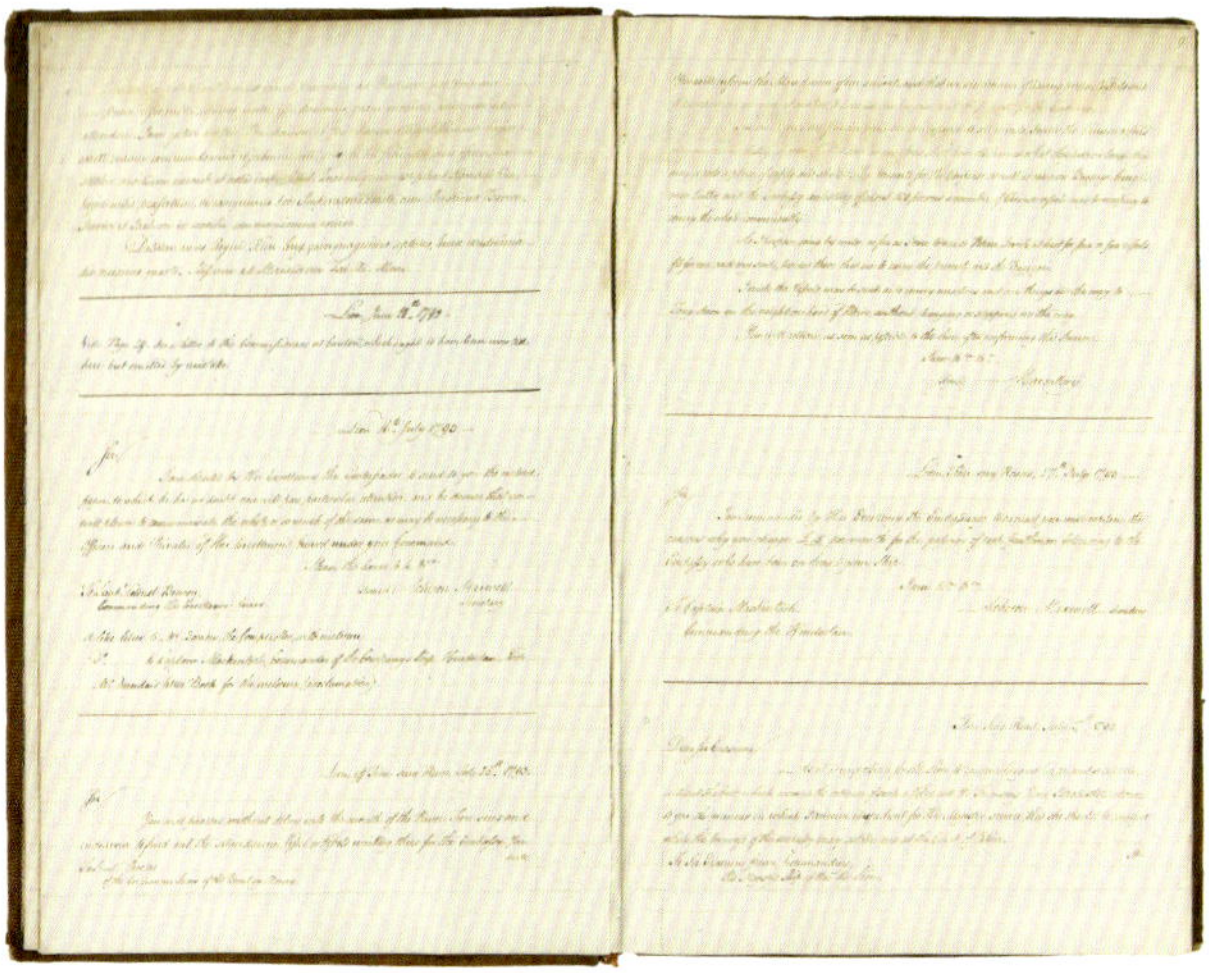

⑦マカートニー書簡集 ……………（本書30頁参照）

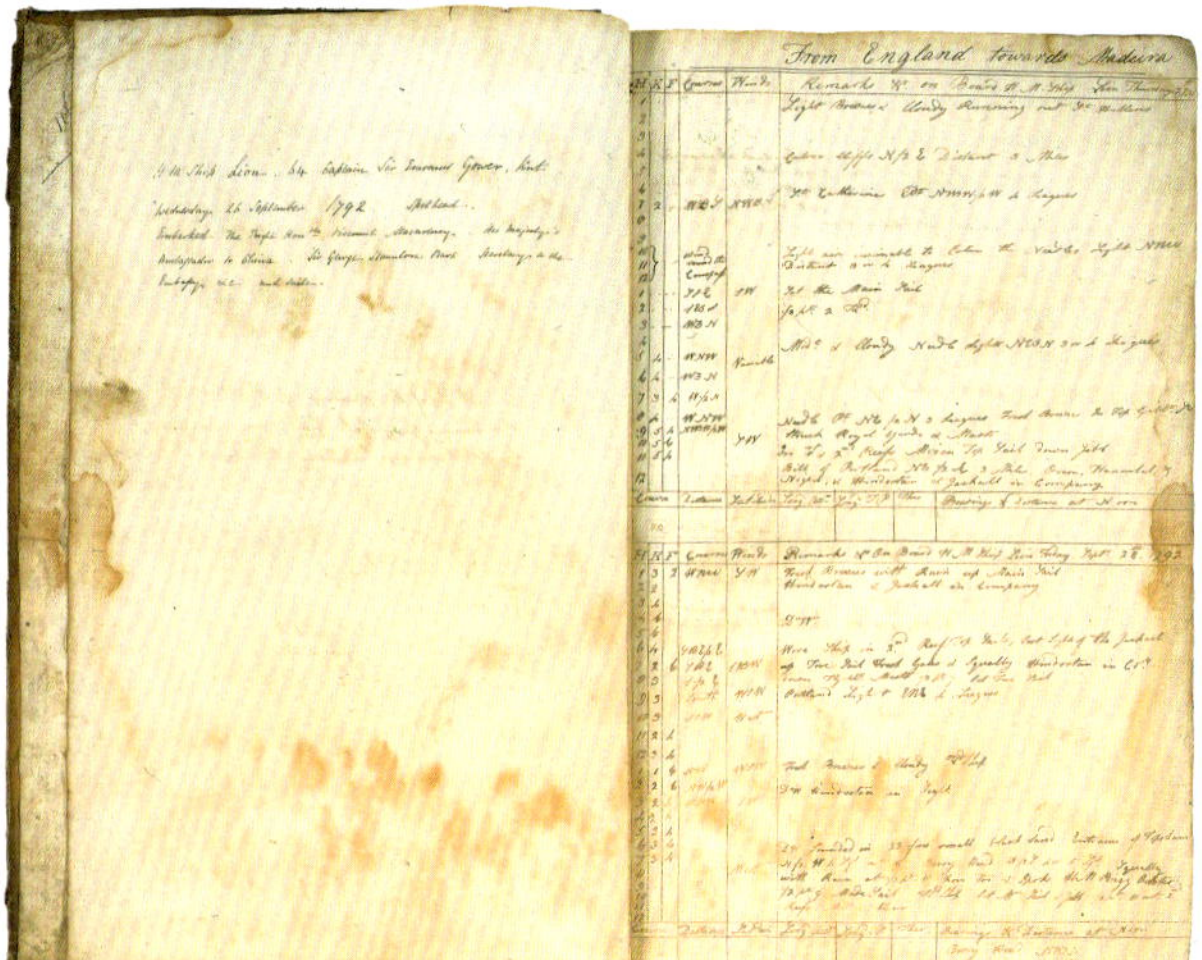

⑧ライオン号の航海記録 …………（本書30頁参照）

⑼ジョージ・チネリー「マカオの風景」(本書31頁参照)

⑩ウィリアム・アレグザンダー「中国の服装」
……………………………………………………（本書31頁参照）

まえがき

東洋文庫は去る二〇一一年秋、ミュージアム・大講演室を附設した地上七階建ての壮麗な新館に、装いを改めました。爾来、記念すべき節目があいついで訪れています。二〇一四年には、岩《いわ》崎《さき》久《ひさ》弥《や》氏が土地・建物・基金など一切をふくめた財団法人東洋文庫を創立してから、九〇周年を迎えました。新館が落成して間もない時期でしたので、研究図書館として江湖の広い輿望にこたえるべく、蔵書の公開と普及にいっそう力を注ぎ、あわせていくつかの出版事業を行いました。

二〇一四年以降、勉誠出版から刊行をはじめました『東洋文庫善本叢書』（第一期：国宝・重文など全一二巻、第二期：欧文貴重書全三巻）のシリーズは、現在も継続しております。またより広い範囲の読者向けには、『アジア学の宝庫、東洋文庫』を出版し、好評をいただきました。現在まで継続している各種の展示企画とあわせて、貴重な所蔵資料を紹介するものとなっています。

そして今年は、この東洋文庫の蔵書の礎石となったG・E・モリソン（Dr. George Ernest Morrison）博士の蔵書を岩崎久弥氏が購入してから、ちょうど一〇〇年にあたります。一〇〇年前この「モリソン文庫」が日本に渡来することがなかったら、東洋文庫もあるいは存在しなかったかもしれませんし、日本の東洋学や中国研究のありようも、現在とはずいぶん違ったものとなったにちがいありません。

われわれはそこで、「モリソン文庫」渡来一〇〇周年を記念しまして、東洋文庫の成り立ち、発展、そして現在のあゆみを「モリソン文庫」、そしてモリソン博士自身との関わりから考えてみることにしました。ミュージアムの企画展示とあわせまして、本書の編集出版も、その試みの一環です。

東洋文庫は発足以来、洋書・漢籍はじめ、多言語の蔵書の拡充につとめ、世界有数の研究図書館となりました。ところがふりかえってみますと、そのように多方面の豊富な蔵書をかかえました分、東洋文庫の基幹をなした「モリソン文庫」を意識することが、かえってやや希薄になってきたようにも思われます。

一〇〇周年という節目は、そんなことをあらためて考えなおす絶好の機会です。モリソンが蒐集した蔵書コレクションを知るには、何よりかれ自身、そしてかれが生きた時代を知らなくてはなりません。

そのため、ここ一〇年間、東洋文庫と提携して「モリソン文庫」、とくにそのパンフレットコレクションの調査研究をすすめていた研究会に協力をお願いして、本書の企画を立てることにいたしました。そのモリソンパンフレット研究会を主宰された岡本隆司教授に編集をお任せし、研究会の方々にご寄稿をいただきました。

はじめに、東洋文庫の構成員を中心とする座談会記事を載せました。「モリソン文庫」の渡来にはじまる東洋文庫の来歴、モリソンが蒐集した蔵書コレクションの現状、そして将来の課題を語りあっており、この研究図書館一〇〇年のあらましがわかるようになっております。

つづく第一部では、モリソン博士とかれが生きた激動の時代、世界と東アジア、中国と日本の動きを論じます。モリソンのプロファイルを略述し、日本人の友人だったイェール大学教授・朝《あさ》河貫一《かわかんいち》との関係を述べ、日中相剋の原点となった対華二十一ヵ条要求をめぐる国際政治とモリソンの動きをあとづけました。

さて「モリソン文庫」には、世界的に著名な稀覯書や絵画がたくさんあります。しかしあまり知られないながらも、重要で貴重なものも少なくありません。その最たるものが、おびただしい小冊子「パンフレット」とよばれるものです。

このコレクションはモリソンが『タイムズ』の北京通信員・中華民国政府顧問になっていた時期、実務的な関心から集めたものと推定され、もはや二度と手に入らないものも多く、かれが生きた時代を示すものとして、歴史家がとくに珍重するものです。

そこで第二部には、そうしたモリソンのパンフレットコレクションをいくつかとりあげて紹介し、その特色などを論じた文章を配しています。多様な新聞記事や、上海の水運に関わる文書からわかる中国の国際関係は、きわめて興味深く、現代に通じる問題もかいまみえます。とりわけアヘン問題に関わるパンフレットはおびただしい数があって、モリソンが情熱を燃やしていたことがわかります。

しめくくりに、モリソンパンフレット研究会のみなさんに「モリソン文庫」とパンフレットを中心に話し合っていただき、東洋文庫と東アジア史研究の現状と課題を示してもらいました。

東洋文庫、およびその蔵書や研究に関心を寄せてくださる方々には、「モリソン文庫」のコレクションから、かれとその時代をふりかえり、東洋文庫ができた当時の日本に思いを馳せて、一〇〇年を経過した現在、そして将来の日本と世界の東洋学を考えるよすがにしていただければ、幸いに存じます。

公益財団法人東洋文庫文庫長　斯波義信

目次

座談会1

モリソン文庫の来歴と魅力

斯波義信（東洋文庫文庫長）
濱下武志（東洋文庫研究部長）
平野健一郎（東洋文庫普及展示部長）
中見立夫（東洋文庫研究員・東京外国語大学名誉教授）
岡本隆司（東洋文庫研究員・京都府立大学教授）

モリソン文庫の渡来

岡本　ちょうど一〇〇年前の一九一七年、当時すでに世界に名高かったG・E・モリソンの蔵書が、日本にやって来ました。渡来の当時における意義、今ここにコレクションのあることの意義、そんなところをお話しいただきたいと思っています。東洋文庫からは斯波義信先生をはじめ、濱下武志先生・平野健一郎先生に、そしてモリソンとモリソン文書の研究の第一人者の中見立夫先生にお出でいただきました。聞き手として勉誠出版の吉田祐輔さんと、岡本が陪席いたします。では、斯波先生のほうから……。

斯波　そもそものきっかけは、結局はお雇い外国人のリースにさかのぼると思います。歴史学者・地理学者だったドイツ人のリースは、一八八七～一九〇二年の間、東大に滞在して、近代的な歴史学を日本にもたらしますが、史料学・史料館を築く必要を説き、一八八九年、具体的にできたのが東大の国史学科と史料編纂所です。

　ちなみに、この国史学科と附属の史料編纂所の両方の初代の教授になったのが、岩《いわ》崎《さき》弥《や》太郎《たろう》・弥之助《やのすけ》兄弟の恩師で、昌平黌《しょうへいこう》でも弥太郎の同門だった重野安繹《しげのやすつぐ》です。弥之助が重野のために書斎として静嘉堂《せいかどう》を建てたのが、一八九二年です。

　その少しあと、東洋史学科が史学科から独立したのは一九〇六～一九一〇年です。そのころになってアジア関係の「史料センター」が非常に切実な問題になってきます。モリソン文庫の渡来が一九一七年だから、大体それと連動していると思います。

　ただしそれより少し前、一九〇〇年に岩崎家三代目の当主岩崎久弥は、マックス・ミューラー旧蔵のインド学の文庫約一万数千冊を購入して東大に寄贈しました。

　そこでモリソン文庫ですが、モリソンは辛亥革命のころから、友人のロックヒルらに手紙を出してるんですよ。自分の蔵書を売りたいと漏らしていました。そしてついにそれをキャッチしたのが小田切万寿《おだぎります》之助《のすけ》です。小田切さんは、以前は上海総領事、のちに横浜正金銀行の在北京代表取締役となった、漢学にも通じていた人物で、このとき北京にいましたから、アメリカの外交官で、かつ東洋学者でもあったロックヒルと親しくして、どうもモリソンは本気で売るらしいと知って、調べに回ったんです。話はそこから、二つに分かれます。

斯波義信

一つは、そのニュースがどうやって日本に伝わったか。小田切さんから、正金銀行頭取の井上準《いのうえじゅん》之助《のすけ》さんに非常にいいものが出たと知らせて、誰に相談に行くかとなります。そこで、マックス・ミューラー文庫購入（一九〇二）の先例があったからでしょう。岩崎久弥さん、そのときはまだ三菱合資会社の総裁、要するに社長をやめる少し前の時期。そのときに、井上さんが直接に話をしたところ、快く引き受けてくれた。岩崎さんは史料編纂所が設けられたいきさつもよく知っていましたからでしょう。

もう一つ、この蔵書がいいものかどうかというのを鑑定するについて、岩崎さんは学者がいいというなら買いましょう、という話をされました。もともと岩崎久弥さん自身が愛書家・蔵書家で、このころ和漢韓籍の古写本や古刊本の貴重な善本を系統的に集めた「岩崎文庫」を構築中でした。その縁で諮問にあずかっていた言語学者・文献学者の中から、東大の文学部長の上田《うえだ》万年《かずとし》さんに話が行き、上田さんが助手の東洋学者の石田《いしだ》幹之助《みきのすけ》さんとともに、北京に下見に行ったわけです。上田さんは目立つから、石田さんだけをモリソン邸に送ったんです。石田さんがいろいろ調べてみると、これはすばらしいものだとすぐわかったそうです。

さらに丸善に行って、丸善の番頭さん(栗本《くりもと》癸未《きみ》)に聞いた。そしたら蔵書の主の名前をモリソンだと言わなかったけど、すぐ、これはモリソンに違いないと言ったそうです。モリソンの本が売りに出ていることを知っていたのですね。そのころモリソンの個人蔵書というのは、アジア関係のコレクションとして随一だというのは折り紙がついてましたから。ぜひ買いたいというので、話を急に進めたという、そこらあたりがバックグラウンドだと思ってますけどね。いかがですか。

中見　この前「バクモン」というNHKのテ

レビ番組で東洋文庫の特集をやっていました（二〇一七年一月二五日放映）が、その中でモリソンコレクションを「七〇億円相当の本」だと言ってました。

斯波　記録では英貨三万五〇〇〇ポンドとなっています。

中見立夫

中見　モリソンの研究をやっていて非常に驚いたことがあります。実は最初にマックス・ミューラー文庫や何かのことを調べたら、マックス・ミューラー文庫は蔵書数二万冊なんですね。それからメンガー文庫とかね、いわゆる日本が買ったヨーロッパの有名な個人コレクションは、大体二万冊なんですね。モリソン文庫も、最初の元は二万一〇〇〇冊と書いてますね。その二万冊というのはどうなんですか。

岡本　宮崎《みやざき》市定《いちさだ》先生も、やはり二万冊とおっしゃってますね。

中見　でしょう。コルディエ文庫、それから台北帝大（現・国立台湾大学）の持っているユアール文庫。大体みんな二万冊なんですね。なんで一致するのかと。

斯波　榎一雄《えのきかずお》先生の蔵書も三万冊ね。山本達郎《やまもとたつろう》先生は二万四〇〇〇冊。大体そんなものなんですよ、学者が一生かかって集めた本は。マックス・ミューラー文庫は生前に同博士が作った目録では一万二千余冊プラスアルファーと聞いていますが。

中見　二万冊と書いてありましたね。インド学の専門的なものです。モリソン文庫とは違う世界です。マックス・ミューラーは、例の有名な『大正新脩大蔵経』をやったインド哲学の高楠順次郎《たかくすじゅんじろう》の先生です。東大の印哲というのは、安田財閥の寄付でできたんですが、そういうのをつくるに当たって、ちゃんとしたコレクションという意味で買ったんでしょう。

　それから細川公爵家のコルディエ文庫は、シノロジーの文庫です。昔の人の、日本の財閥の人の目は高いです。それだけの海外の著名なる学者のコレクションを、日本のために買ったんです。だから岩崎久弥もたいしたもんですよ。

濱下　一九一七年にモリソン文庫が来ますでしょう。そのときにモリソンは、三つ条件を出します。一つは継続して定期刊行物を購入すること。モリソンのリストによると、それは百二十何種類あるんですね。それから、「アジア文庫（Asiatic Library）」というその名前を続けること。それは東洋文庫（Oriental Library）という形になりました。それからもう一つは、趣旨を同じくする大きな図書館のもとに置いてもよいという条件が入っているんです。ですから一七年に購入したときは、場合によっては、例えば大きな大学のコレクションに入れてもいいというニュアンスもありました。ただ、これ

濱下武志

は購入側が出したのではないかと思うんですけれども。

しかし一九二三年に関東大震災で東大の図書館、そこに収められていたマックス・ミューラーのコレクションが燃えてしまうということで、二四年に東洋文庫を、岩崎久弥氏ご自身でおつくりになるという決意をしたのは、やはりそういう経緯があったからと思います。その後、雑誌の継続購入は続いていますし、名前を冠して単独のコレクションを維持していくことも続いています。

それから購入しようとするときに、アメリカの大学も手を挙げました。ハーバードとか、プリンストンとか、カリフォルニア

という名前も出てきます。しかしモリソン自身がやはり、できれば中国におきたい、その次はアジアだということで、日本ならばということです。それは多分お金の問題ではなく、モリソンコレクションを「活用する」という趣旨の問題だろうと思います。

中見　それはモリソン文書《ペーパー》にあります。アジアに置きたいということを書いているんです。Lo Hui-min（駱恵敏）の出したモリソン書簡集のなかに出ています。

岡本　あったと思います。ただその時、中国の人たちも手を挙げたかと思うんですが、そこの経緯がどうなっているんでしょうか。

濱下　中国も手を挙げました。ただ、条件が合わないという形で、断念したとあります。これは、ベルギーに留学して中国で初めて地理学博士の学位を取った翁文灝《おうぶんこう》氏が、自分は若いときに、しばしばモリソンコレクションを見に行ったと自伝で書いています。地理関係のとてもいいコレクションがあったが、しかしそれは、中国を離れてしまって残念だ、と書いています。

勿論、中国にあれば、中国にあったなりの活用のされ方は、間違いなくあったと思います。そして、日本に来た以上、日本での活用のされ方は、より広い意味であるべきであって、これらを、その時代の文脈の中でどう考えるかということであると思います。当時、世界的に資源競争がありました。地下資源では、石油・石炭・鉱石とかです。それと鉄道建設、借款とがセットで進められました。そういうところに当時の中国は、モリソン文庫の活用の仕方によってはもっと深く係わったかもしれません。

中見　岩崎さんに売る前に、モリソンは北京の自宅で公開していたんでしょう。来た人は一回は見ていったんだね。モリソンは東洋学者というより、本質は新聞記者だと思うんです。そういった関係の本の集め方をしている。日露戦争関係とか、旅行記なんかいっぱい入ってますでしょう。そういう蔵書をみんなに見せたというのは、モリソンぐらいなんじゃないですか。いわゆる東洋学者の個人蔵書とはちょっと違うと思うんです。だから、もちろん中国も買おうというのがあったし。

おそらくモリソン文庫の内容について、一番比較するのにいいのは、例えばコルディエ文庫。あれはシノローグの蔵書です。モリソン文庫というのはそうじゃないんですね。割と網羅的にやって、それが東洋文庫に入って、基礎として広がったと思います。上海にあったRoyal Asiatic Society（王立アジア協会）の文庫は有名で、中国でその研究書が出ています。ああいう図書館の蔵書と一致するんじゃないですか。要するに、中国を中心に、東アジアのものを、英語で出た本を網羅的に集めて。

斯波　そのころのシノロジーの発想なんです。中国とその周辺地域という枠で。"-ology"

とついているから、何々の学なんで。そういう「オロジー」の一つで。総合人文学というような発想。先に言ったリースの場合もそうだと思う。

中見　リヒトホーフェンなんか、そうですね。

斯波　モリソンパンフレットも含めて全体として、いえるのは、今では言わないんだけど、そのころの総合知識の体系、人文地理学、ヒューマン・ジオグラフィーというか、その中に入っていると思いますよ。

中見　王府井《ワンフーチン》にモリソンの屋敷があって、私も王府井、よく歩いてたもんですがね。石田幹之助さんが向こうに行って、書庫なんかにいった写真が残っています（口絵③④）。あれ、どの辺なんでしょうかね、王府井の。今、デパートやら商店街になっちゃって。だから昔の大きなどこかの屋敷を一つ持っていたんでしょうね。

岡本　やはり建てるんですよ、書庫をコンクリートかなんかで。

コレクションの拡大

斯波　濱下さんの言われる三つの条件って、久弥さんには伝わってまして、ちゃんと守っている。それは非常に大事な点なんですよね。雑誌をはじめとして、まだ収集の途中だから、拡大してくれと言ってた。それを久弥さんはほんとにやっているんですよね。一九一七年の購入から一九二四年の東洋文庫開設までの七年間に蔵書量は倍ぐらいにしている。
それからもう一つは、一括して、まとまってあれば、大きな図書館の中でもいいと。そういう条件なんです。だから東洋文庫の中のモリソンコレクションだというので、これがモリソンの気持ちに合っているんです。
もう一つは、アジア地域にとどめたいと言ったんじゃないかな。だからそれは日本も一つの購入者だと思っているわけですね。だから、何が何でも中国にとどめたいとか、そんなことは言ってない。これはちゃんと守られているんです。もう一つ、篤学の人に公開することを言っている。
平野　おととい、ある人から手紙をもらったばかりです。福沢（諭吉）研究をやっている人からの手紙で、『都新聞《みやこしんぶん》』を読んでいたら、東洋文庫にモリソンコレクションが届いたという記事が載っていたという知らせでした。どんな記事なのか、これから教えてもらおうと思っていたところです。やはりニュースだったのですね。
斯波　九月の三〇日ごろ、台風があって。
濱下　モリソンは台風の状況を聞いて、コモでくくったりしては最悪だ。水が染み込んで乾燥しない、などいろいろ書いているんですが、そのあと岩崎久弥氏は、そして東洋文庫は、多分大量の資金を投じて、補充の事業を進めました。そのことが、とても重要です。モリソンの蔵書票はついていませんけれど、恐らく関連する本を、広範に内外で収集した。だからモリソンプラスアルファと言うんでしょうか、とても大きなアルファですが、特に補充の過程で、当時の日本の研究水準と、関心が示されていると思います。

中見　モリソン文庫にあったもので、水害で駄目になったのは廃棄して。だけど買い直したのは、もともとのモリソンの蔵書票《ブックプレート》と同じものを貼り付けたんじゃないですか。それが出てきますよ。

平野　濱下さんが今言われた、補充ということを実証する、一つの小さいケースを私は担当しています。それについてちょっとお話ししたいと思います。

ジョン・セーリスの『日本渡航記』というのが、一九二五年に東洋文庫に入っているのです。その復刻版を、ついこの間、勉誠出版から出していただいて、解説を書きました。それでわかったことは、やはり濱下さんが言われたとおりで、モリソンコレクションを受け入れたあとの東洋文庫が、非常に意欲的に蔵書を増やそうとしていたということです。

中見　ジョン・セーリスのはもともと、モリソンの蔵書じゃないんですね。

平野　ええ。あとでロンドンの古書店から買ったのです。しかも、すごいなと思ったのは、細かくなりますけれど、セーリスは二回、東洋を航海していて、一回目にも記録を残したらしいのです。それがオランダ語に翻訳されていて、その本が古書店に出たらしいのです。東洋文庫はまずそれを買っているのです。今は貴重書に入っています。それがセーリスの『日本渡航記』かもしれないということで、まず買っているのです。それは実は一回目の渡航についてだったので違ったのですけれど、二回目の航海の日誌が売りに出たというので、あらためて『日本渡航記』を一九二四年に買ったのです。それぐらい、意識的に蔵書を増やすということを、東洋文庫はやっていた。戦前の東洋文庫って、やはりすごいなと思います。

平野健一郎

中見　マカートニーの『使節日記』、あれもマニュスクリプトですね。あれはもともと、モリソンの時代のものですか。それとも東洋文庫として買っているんですか。

斯波　あれはモリソンの中にある。

中見　モリソンは収蔵家的な要素で、それも買っていて。だからそういう意味では、ほかの個人のコレクションと違って、かなり幅が広いんです。セーリスのそれを買ったというのは、本屋とのやりとりとか、東洋文庫には残ってないですか。

平野　ちょっと調べたのですけれども、まだ見つけられていません。当時の大正時代の購入台帳自体が、ものすごく立派な本です。革装の台帳で、そこに丹念に購入資料が記入されているのですが、そこには載ってないのです。別の購入台帳がどこかにあるのかもしれません。

中見　初期の下働きをしたのが石田幹之助でしょう。敦煌やトルファンから出た文書が売りに出るんですよ、日本にね。それを買おうとしたけど、それは中村不折《なかむらふせつ》の書道博物館に買われたというから、ごく初期には、そういうものも東洋文庫は随分お金を払ったんです。

平野　ちょっと補注的にお伺いしたいのは、モリソンがつけた三つの条件の三つ目についてです。大きなコレクションの中でもよいと言われたのか、それとも、継続して拡大するようにと言われたのか。大図書館の中の一部であってもよい、ということは言っていたのですか。

斯波　継続して拡大してほしいという趣旨です。もちろん雑誌やシリアルもそうです。一方、大総合図書館のなかで分散して架蔵されてもいいとは言っていないのではないかな。要するに、モリソンの名前を残せばいいわけですよ。「アジア文庫（Asiatic Library）」でもいいし、モリソンコレクションでもいい。全体としていえば、東洋文庫でもいい。

平野　東洋文庫として、やはりそれをうけて、モリソンコレクションを基にして大きくするという方向で、増補事業をやったのですね。

斯波　そうです。増補事業が非常に大事なんです。今でも続いているわけですから。それとモリソンが作った目録を骨にして、モリソンがコレクションのカタログ、台帳を持っていて、それを一九二五年に東洋文庫の名前で出しています。それの分類方法がその後も基礎になっている。

中見　開館の記念として、モリソンから提供された目録を出版されたのですね。

斯波　そうです。あれで二万四〇〇〇点といっているんですよ。だけどあの中に、例えばパンフの中の「日露戦争」とか、「義和団」とか、テーマで括られた形の書が若干入っているんです。一方、パンフのほうは、大分類・中分類に従っています。だからモリソンにとっては、これで実用に足りていたのではないですか。あのころはおおざっぱでもよかったんじゃないですか。雑誌は一件を一セットとして入っていたし、地図もカタログ化されてない。

中見　結局モリソン文庫並みの、ちゃんとしたそういうコレクションでは、あとコルディエ文庫、それからユアール文庫ぐらいですかね。満鉄の東亜経済調査局のモーリツ文庫とか、そういうのは、戦後に没収されてしまって。東洋学者のアジア関係のまとまったコレクションは、モリソンとコルディエ。ほかにそういうところで何かありますか？　京城帝大（現・ソウル大学）、満鉄、ほかに何か有名なのが。

斯波　あまり聞かないですね。石田幹之助さんの回顧録「東洋文庫の生れるまで」を読んでも、あまり出てこない。

中見　経済学は、それこそメンガー文庫じゃないけど、そういうのがいくつかありますよ。今に伝わっているのがね。ほかに小樽商科大なんかが持っているんですよね、そういうのをね。

だからそういう意味では、東洋文庫というのは、アジア関係、地理を中心にしたものだけど、やはりまとまったもので、それを基礎にしながらさらに広げてきたというのはすごいことです。

斯波　そうです。あのころの役員は、しっかりしていた。それで三条件を基礎にして設立されてからきているわけですが、カタログの問題は、モリソンが几帳面に作っていたのをそのまま、開設のときに出版しています。あとの増補分は目録化していなかった。戦後になって、国会図書館支部になって目録を一生懸命作って、中国書もその中に入るようになった。だけど、それまでに洋書は、三、四倍ぐらいになっているはずなんですよ。戦前で二〇万冊ぐらいあった。最初は増補を入れても五万冊ぐらいだったんです。それが、三倍で一五万でしょう。四倍ぐらいになったのかな。戦前で二〇万冊ぐらいになっている。もちろん、漢籍も入ってますからね。

戦後になって、蔵書の内容がはっきりしてきたのは、やはり今言った国会図書館支部時代です。国会図書館が目録を熱心にやってくれたんだけど、パンフレットまで手が着かなかった。パンフレットは一九七三年になって、理事長の辻《つじ》直《なお》四郎《しろう》先生が目録化したんです。

ただし辻先生はあのとき、病気だった。ですから、目を通されたとは思うけど、あまり詳しくは見ておられない。よく見ると、七二〇〇冊というパンフレットの中には、モリソンが亡くなった後のも入っているんですよ。六二〇〇ぐらいがモリソンの本。

中見　そうですね。明らかにモリソンの時代じゃないものが入ってます。

モリソンとその人間関係

斯波　そうなんです。大体、亡くなったあとに残ったものが、どこにいっているか。大体のことだけでもいいですから、ちょっとお話していただいておくと、参考になるんですが。

中見　モリソンが最後まで持っていた『永楽大典』（口絵⑤）は、モリソン夫人から石田幹之助に手紙が来たと書いてありますよ。だから、ここの何冊かの『永楽大典』は、モリソン夫人からの入手なんです。汚れているんですよ。そう言われて見ていると。

斯波　いつごろの話ですか？

中見　東洋文庫というか、日本側にモリソンが文庫を売って、亡くなったあと、モリソン夫人はオーストラリアに帰る前に東京に寄るんでしょう。それで石田幹之助さんは会ったはずですよ。石田幹之助さんの「東洋文庫の生れるまで」の中に出てきます。

斯波　はい。そのほかの文書類はシドニーのミッチェル・ライブラリーです。主な日記とか、モリソン文書《ペーパー》とか。わんさかとありますよ。

濱下　今おっしゃった中で、一つは、言わば歴史の資料というカテゴリーじゃなくて、資産というカテゴリーで動いていた部分もあると思います。Lo Hui-min氏が日記を起こすでしょう。あれはまだミッチェル・ライブラリーに行く前に、取り掛かっているわけです。以前Lo氏にお目にかかったとき、ご自身は、もう六巻分ぐらい原稿があるんだと言っていました。ケンブリッジが二巻しか出せないと分って断念したと伺いました。ある意味では、モリソンのコレクションは、最初から一つのまとまりとして動いたわけではなくて、中心になるところと、それから少し周辺であるものがあると思います。

その中でも関心があるのは、私がミッチェルライブラリーでいろいろ見た中で、手帳がものすごいです。やはり新聞記者ですね。手帳のメモの束がすごい。それから、名刺の数もすごい。それからバンケットの束も。招待状とメニューですね。あの時代の人はものすごく食べる。なんか今の二コース分くらい平気で食べている感じです。そういうメニューがたくさんあります。東洋文庫には、本とパンフレットが入っていますが、そういうモノの部分を、本やモリソンパンフレットと関連付けることも大切です。日記はその中間ぐらいになるのかもしれません。ミッチェル・ライブラリーにそういうものもあるということは、もしこれから、読みにくいですけれども、現場の感覚が直接に伝えられたり、もっと生で歴史を発掘できる可能性があるかもしれませんね。

平野　アーカイブ以上ですね。

濱下　ええ、そうですね。

中見　あとモリソンの写した写真類ですね。一つは西北地方の旅行記と、もう一つは義和団事件のころの中国。その写真は、恐らくミッチェル・ライブラリーにあるんじゃないですか。

濱下先生の言われた日記ですが、戴逸《たいいつ》さんという、有名な清朝史家がいますでしょう。その息子さんの戴寅《たいいん》という人はビジネスマンでね、オーストラリアにいたんですよ。英語ができるというふれこみなんだか、お父さんの跡を継いで、中国人民大学に入ったんですよ。結局シドニーで交渉して、Lo Hui-min氏の奥さん……

斯波　ヘレンさんでしょう。

中見　ヘレンさんも研究者でしてね。西園寺奨学金で留学したことがあるという人です。Lo Hui-min氏は書簡集を二冊、その後には日記を。ところが、あの厚さで六冊になると言うんですよ。とてもケンブリッジも引き受けられなかった。こんなに厚くちゃ駄目だから削れと言われたと、言ってましたね。

そうしたところ、人民大学がマニュスクリプトを手に入れてまして、今は人民大学の清史研究室にいけば見られますよ。日記自体も、写真で見られるんです、マイクロフィルムで。読みにくいけど、まあ使えなくもはないし。私のテーマではそう使うこともないから。だけど岡本さんや奈良岡聰智さんなんか、使える方が見ればいいと思います。

岡本　ええ、私も使えないですけれども（笑）。

中見　人民大学の清史研究所で清史編纂の事業をやっているでしょう。お金あるんですよね。それだからやろうと言ってました。だけど、どうせやるなら、ちゃんと、英語で起こしてあるんだから、英語で出してくれと言いましたけどね。それを中国語かなんかに訳したら駄目です。しかし、そういうことをやりかねないと思いますから。だから、写真でもファクシミリで出してね。そうやってモリソンの日記を出せば面白いと思うんです。

濱下　モリソンの書いた西北中国の紀行で、ちょうどフランス人が書いたパンフレットに沿って、彼は旅行します。そのフランス人の紀行に「ここに鳥がいた」とあるところで、モリソンも写真を撮っているんです。そのカメラには、別にその鳥が写ってるわけじゃないんですけれど。

　ですから、モリソンはただ冒険《アドベンチャラス》で旅行しているわけではなく、中央アジアとか北西、あるいは雲南をどうしていくかというイギリスなりの課題を、フランスと対抗して彼らの紀行を活用しながら、それを追っかけていたということも、パンフレットとつき合わせるとよりいっそうダイナミックなモリソン像が浮んできます。

中見　その西北中国旅行の写真集というのは、中国の応援で出てますよ（『1910,莫理循西北中国行』福建教育出版社、二〇〇八年）。ちなみにそれ、榎先生がモリソン文書を見て出版許可をもらっているんですよね。榎先生のオフィス、以前の東洋文庫旧館の一番奥にあったでしょう。あるとき、モリソン文書を見に行って報告しに行ったんです。すると「いや、ぼくはそうやって、モリソンの西北中国旅行記を編集して出そうと思っている」とおっしゃった。「時間がなくて。そこに写真がいっぱいありますよ」と。写真というか、資料をもっていましたね。榎先生には計画があったけど、出なかったんですね。

菅原純君が見てきましたよ。『東洋文庫書報』に書いています。そういう意味でモリソン関係の資料をやっている人というのは、いるんですよね。

——モリソン文庫のことで、ずっと気になっていることがあるので教えてほしいんですけど、モリソンは非常に帝国主義的なところがあって、ジャーナリストとしても、イギリスの国益にかかわるように、いろいろやってきたわけじゃないですか。それなのになぜ、アジアにこの文庫を留め置きたいと思ったのかというのは、脈絡としてわからないというところがあるんです。ですから、これだけのコレクションがあるんであれば、逆に言えば、もっと使えるところはほかにあったのかなと思うんです。なぜアジアに置くということを強調したのでしょう。だれが活用するためにアジアに置こうと。

中見　自分の活躍したアジアに本を残したいと、はっきり書いてます。どこか帝国主義のところで、高く買ってくれれば良いというんじゃないんですね。

それからやはり、ある程度の売る段階まで行ったら、割と体系的に集まっていて。恐らくそれだけの洋書のコレクションって、そんなになかったと思いますね。

だから中国でも、どこかで買いたいとかあったけれども、やはり日本は金払いもいいし、ちゃんとそれだけのものがあるから。それは中国だったら、安く買いたたかれると。

　中国の顧問になるというのは、決して給料は高くないんです。それがあって、先々のこと。それから、割と若い奥さんと結婚するんですよね。子どもが二人、男の子が生まれて、将来のことや自分に対する不安から、それを売って稼ごうと。いい条件で売りたいということがあったんでしょう。

　結果的に日本の岩崎、そのとき日本はかなり安定した勢力だと思ったんでしょう。その代わり、自分の名前を冠したまとまったコレクションにしてやってくれるというような、さまざまな要求を出した。だからそういう意味でモリソンというのは、極めて現実的な人間という……。

斯波　そうそう。それはそう思います。

中見　伊集院彦吉《いじゅういんひこさち》の日記（『伊集院彦吉関係文書』第一巻、芙蓉書房出版、一九九六年）が出たでしょう。モリソンがよく出てくるんですよ、今で言いますと、躁鬱病的な人だと。

　辛亥革命の南北融和のときは、まさに興奮していたということがある。しかも秘書だった女性のジェニ《（ママ）》ファーがイギリスの若い士官と恋愛関係になって、結婚すると言い出すんですね。モリソンはそれをぶち壊して、結局自分の奥さんにしちゃうんです。

　その奥さん、典型的なイギリス女性で、

頭が良くて秘書として渡り歩くような人でして、そういう人を雇ったのも、結局、自分の本を整理させるぐらいに思ったんですね。

斯波　モリソンの死んだ後、すぐ亡くなった。

中見　すぐ亡くなります。それで亡くなる前に日本にきまして、石田幹之助にも会いに来てるんです。『永楽大典』なんかを売って。

斯波　だから五〇歳くらいのときでしょう、モリソンが結婚したのは。

中見　そうですね。大変きれいな奥さんです。だからモリソンが辛亥革命で忙しくて、あのジェニファー《（ママ）》が結婚すると聞いて、取られる、とイギリスに引き返す。激怒して、ぶち壊しにかかるんですよね。そのことを書いた本というのもあるんです。だから、いわゆる冷めたジャーナリストでは全然ないと思います。

ジョーダンはあのとき、イギリス公使でしょう。ジョーダンのほうがはるかに優れた、冷静な観察者でね。外交官です。

岡本　二人の関係、そんなによくなかったですね。

中見　よくないです。

斯波　モリソンには、ちょっと軽率なところがある。あまり学者風な、というんじゃないですね。

中見　そういう性格だから、お金があったら、どんどん本も買ったんでしょう。

斯波　あれはコルディエの *Bibliotheca Sinica* を骨組みにしているんです。アメリカの議会図書館の目録と比べて、自分のほうが上か、下かと。だから骨格がまず対象なんです。骨格にくっつけていくというタイプ。結果としては立派なものになります。

コレクションの整理

斯波　東洋文庫で研究された方、東洋文庫と言わず東洋史のほうで、どう研究されてきたか。一つの問題は研究資料の整備が、東洋文庫でも遅れていました。前はそう簡単には見られなかった。ほかにある同時代の資料を照らし合わせる作業は楽ではないということもあって、坂野正高《ばんのまさたか》さんとか、佐々木正哉《ささきまさや》さんも使っていて、ある程度内容についても言っているけど、それ以上はあまりいかなかった。

　田中正俊《たなかまさとし》さんでも、あまり深く研究したと思えないです。やはり資料の整備は、内外ともに遅れていたということでしょうね。相当に難しい。

中見　ただ、資料の整備が遅れているというのは、モリソン文庫を買ってからどう整備できるかという意味でおっしゃったんでしょう。実際問題、しばらく石田幹之助さんみたいな、かなり書誌に明るい方がいつもその部屋にこもって、本屋の目録を見ながら注文して、買い足しをしていったわけでしょう。フォローするだけのお金もあったし、そういう適格者がいてね。岩井大慧《いわいひろさと》さん、園田一亀《そのだかずき》さんも事務にいて。漢籍でもそういう人たちがいたし。

しかもモリソンのコレクションは、やはり洋書に限られていますから、これを和漢書に組み入れるような努力をしたというのがすごいもので。単に、もともとのモリソンコレクション、洋書だけを維持するだけだったら、あまり意味はなかったと思います。洋書以上に、モンゴル語や満洲語を含めてこれだけのコレクションを形成した。日本における東洋文庫のプレゼンスというのはすごいです。漢籍でも地方志や族譜をまとめたのはすごいと思うんです。

それからさらに戦後になってからの、近代中国関係のコレクション。これは市古《いちこ》宙《ちゅう》三《ぞう》先生のご努力でやった。こういう、いわば東アジアを中心にした、東洋に関しての総合的な図書館ができた。さらにはペルシア語文献なんかも集めると。これはすごいもので、ほんとに三菱の、恐らく最大の、日本の文化事業です。それだけの度量や、理解力があって。そういう道に通じたのが岩崎久弥であるし。三菱のオーナーが東洋文庫をこれだけ理解して、ちゃんとお金を工面したわけだから、それは大したものでね。やはりそういう学問に対する理解力は、ちょっとわかったというものじゃないです。ほかの財閥や金持ちは、そんなことはやってません。

岡本 さっき、斯波先生がおっしゃったのは、戦前から文庫がずっと拡大してきたというお話だったんですけど、やはり拡大してきたというのと、それに応じた研究のほうでしょうか、特にコレクションを使った研究が、なかなか並行してついていかなかった、そういうお話だと思うんですけど。それは、さっきも少しおっしゃっていた、目録とか、コレクション内部の分類とか、資料の公開とか、そういうあたりが、戦後だと、少し追究するのが遅れたという感じで見たらいいですかね。

斯波　あると思いますね。それから、今は分析の切り口もすすんできて、景況や物価、所得や消費、貨幣事情などの因果の連関を問うようになってきた。ああいう発想がまだ十分になかった。そんなデータがモリソンの記録に相当ある。特にパンフにはあるはずなんだけど、これまで話題にあまりなってないんじゃないかと思います。

岡本　ですから、戦後の研究状況というか、関心の向き方というのと、資料をすり合わせるのが、なかなかマッチしない。

濱下　私は、その面はもちろんあると思うんですけれど、西洋典籍学と言うんでしょうか、書誌学として、書籍そのものの特質も含めとは思いますが、西洋の知識の総体として学問体系に対する洞察を背景に持たないと、やはりモリソンのコレクションを全体としてどうするかということは、なかなか出てこない。そういう意味では、これまで東洋文庫では西洋史研究というか、西洋典籍研究をバックグラウンドを持った人が、ここで研究するという機会がなかったわけです。むしろ、モリソンが集めたアジア諸地域の専門家がそれぞれに利用して来ましたから、どうしてもやはり、縦割りの、その専門を深める、そういう成果は非常に上がったと思うんですが、モリソンコレクションと言ったら、やはり地図や定期刊行物も含めて、西洋の知識の体系というんでしょうか、そういうものを前提としてアプローチしないと、なかなか問題も浮き出てこないという感じをとても強く持ちます。日本の国別の地域研究の学科構成の中では、そういう人がいる場所はあまりないですね。

平野　もっと簡単に、即物的に言いますと、コレクションとして入ってきたけれども、ある意味では、日本の東洋学者に研究者としての主体性があったために、それを分野ごとにバラしてしまったのだと思うのです。書架を分けて分排してしまったわけでしょう。戦後もそういう時代が続いて、国会図書館の職員がいらっしゃったこともあって、カタログ化がどんどん進んできたのでしょう。

それが、一〇年前にもう一度、モリソンコレクションを一堂に集めようという発想が出た、ミュージアムを作るために。この発想をしたのは、専務の山川尚義さんなのです。研究者ではない人なのです。欧米の図書館に行くと、そういうコレクションをうまく見せているところがあって、とても魅力的だったから、それと同じことを東洋文庫で、モリソンコレクションでやってみようという発想が、彼から出てきた。それで建築家にも、そういうのを創ってくれと言って、この新しい建物ができたということなのだそうです。

ですから、学問的にはいま濱下さんが言われたような背景があると思うのですが、ミュージアムを創ったことによって、モリソンコレクション全体をもう一回、それぞれのものとして評価しようという動きにつながることになった側面もあるようです。

斯波　前はね、混配してたんです。だから価値がわからないところもあって。

岡本　ですから、要するにモリソンの蔵書票がないと、モリソンのものとちゃんとわからない、ということは確かに……。

斯波　確かにある。

平野　ミュージアムのほうから見た、モリソンコレクションですが、貴重な文献を一堂に集めて、展示に使わせていただくようになって、今まで研究者サイドでは気がつかなかったものが、モリソンコレクションにあることがわかってきた、ということですね。

代表的な例を申し上げると、やはり一番は『東方見聞録』です（口絵⑥）。これがもうすごいですね。斯波先生が影印書籍に解題を書かれたばかりですが、四五種の異本、異言語版本がモリソンコレクションの中にある。そのうちインキュナブラと呼ばれる一五世紀刊本が二点、モリソンコレクションから出てくる。あと、マンデヴィルの『東方旅行記』というのがラテン語、イタリア語、ドイツ語、英語などで八点。そのうちの一五世紀刊本が三点ということです。やはりモリソンが一生懸命買ったのですね。

それから、同じく一五～一七世紀刊本で、PBというふうに分類されるものの中に、一六七一年に北京で刊行されて、PB47となっている『月食図』というのが、モリソンコレクションの中にあったそうです。これはフェルビーストが編纂したもので、一六七一年の二月一五日に、中国各地で観測された月食の図をまとめた、長さ二メートルの巻物だそうです。これは、今度の企画展でお見せしようと話しているものです。

それから、マニュスクリプト、MSではマカートニーの書簡集ですね（口絵⑦）。これがマカートニー周辺のヘイスティングスやストーントンのものも含めて、非常に貴重なものです。

中見　どうしてそんなものが流れたんでしょうかね。

岡本　どこからか、すごい興味あるんですけど。

中見　よくぞあんなものを、モリソンは手に入れたなと思いますね。

平野　あと『ライオン号の航海記録』（口絵⑧）『ホルダナス号の航海記録』。

斯波　ウィリアムズの水彩画とか。

平野　ええ。美術的にも楽しめる資料としては『アジアの鳥類』というのが全七巻であります。これは二〇七部刊行されたうちの一セットだそうです。それから『インドシナ探検行』というのが、アンコールワットなどの美麗な図版を多数含んでいます。それからあと、チネリーとアレクザンダーのスケッチ（口絵⑨⑩）。水彩画などですね。

それから、これはモリソンが同時代的に、意識的に集めたものという部類になりますが、一九世紀後半から二〇世紀初頭の「シルクロード調査記録」というのを集中的に集めていて、ルコックの『高昌（*Chotscho*）』、シャヴァンヌの『泰山』、それからスタインの『古代コータン』などが、モリソンコレクションに入ってきています。これは今、デジタル・シルクロード・プロジェクトで、全ページご覧いただけるようになっています。あと、ヘディン、ペリオ、ラドルフ、パンペリー、ユール、コルディエなど、シルクロード研究の代表的な人物の書籍、論文が意識的に収集されています。

「ロマノフ王朝展」で現在展示中のロシア関係資料では、『日露戦役写真帳』という日本の海軍省認定の写真集が、モリソンコレクションのものです。それからニコライ二世の『東方旅行記』というのも、英語版がモリソンコレクションです。『シベリア鉄道旅行案内』とか、シベリア鉄道の時刻表なども、モリソンコレクションから取り出してきて、お見せしているように、普及展示部はモリソンコレクションのおかげを大変蒙っていますが、それらを展示公開する仕事で、モリソンコレクションの解明に多少お役に立っていればよいなと思っています。

中見　でも、今の平野先生の話を伺うと、現実世界の新聞記者というか、そのアジアに対する視点から、それに役立つものを集めているという性格は言えませんか？

平野　そうでしょうね。

中見　だから学者のモリソンか、ジャーナリストのモリソンかというと、やはりジャーナリストのほうで。

日本だって昔、三宅雪嶺《みやけせつれい》とか、徳富蘇峰《とくとみそほう》なんか、大変な蔵書家です。英語の本も集めました。ジャーナリストとして、情報源を集めた。モリソンももちろん研究者、だけどあの大コレクションは、東洋学者じゃなくて、やはりそういう、現実的なアジアに対する関心、発言とかから出てきたんじゃないかなという気がします。

平野　やはり、普及展示部の学芸員の感想は、コレクターだなということですね。

その画像データベースというのを拝見すると、モリソンパンフレットから切り取って、ちゃんと写してくださっているので、とてもいいですね。

岡本　結局、パンフレットとかも彼は収集していたわけです。そうやって考えますと、全部切集めてこられたのはいいですけど、全部切り取って、製本したというので、ちょっとなんて言うか。もちろん開いたらわかるわけですけど、もともとの形というのが、だいぶ失われてきて、少し惜しいなと、今から思うとですね。あのほうが、まだ配架しやすいし、使いやすくはあるかもしれないんですけど。

今回、一〇〇周年の展示で、パンフレットも、というお話があったので、「こういうのはどうですか?」とは言ってみたものの、展示ではどうやって見せられるのかなって、ちょっと不安になるんですけど、そのあたりはどうなんですか。

中見 モリソンのパンフレットの中にコロストヴェツのサインしたものがありまして、私はそのコロストヴェツの日記を出版したものですから、以前に来たモンゴル人に言ったら、「それは是非見たい」って。書庫の中を探したら、なんと無慚に切られていてびっくりしちゃって。

岡本 いや、先生が研究会でご発言されているのを見て、これはそうだったんだなと、私も思ったんですけど(本書一四六頁参照)。もともとは、やはりちゃんと……。

中見 ちゃんと箱に入っているやつですね。

岡本 ああ、箱に入ってたんですか。

中見 田中正俊先生はモリソンパンフレットで、サインかなんか、そういうことまで全部調べていますね。そういうのを目録を見ながらやっていたら、それは残してあるだろう、と思っていた。そういうのを全部保存しやすいかのようにしてしまったというのは、残念だと思います。

岡本　ですので、一長一短でしょうか。あのままでは、そもそも配架できないですから。そのあたりはちゃんと整理というか、実用的にはいいのかもしれないですが、惜しかったというのはすごく思います。他にもそういうのがありそうな気がして。

コレクションと人間と研究と

斯波　ちょっとお伺いしますけどね、モリソンのコレクションというのは、いわゆるオーソドックスな支那学（シノロジー）という側面と、古典を集める側面と、それから実用的なパンフレットが中心の側面があったと思いますが、どこで接合したのでしょうか、彼自身の中で。古典は一種の教養として集めたんですかね。

濱下　それと、やはり研究投資も目的だと思います。例えばオックスフォード、ケンブリッジの図書館に、あの時期にどういう本が納められたか。モリソンの周りにいる人たちは、いろいろ中国で貴重と思われるものを収集して、ヨーロッパへ送っています。ですから、多分そういう文脈で、こういうものを集めていくという部分は、あると思います。それが、モリソンの場合、特にマルコ・ポーロです。あるいはピントなども、いろいろな版本があります。ですから、モリソンから言うと、これは条件があえば、ということだと思います。

それから二つ目はやはり、彼の行動と言うんでしょうか。ジャーナリストとしての行動に関係する調査とか、それからそれに関する研究です。これはいわゆるモリソンパンフレットの部分です。この部分は、ある意味では一番集中した、情熱のこもったところではないかと思いますが、そこには機関誌・定期刊行物も入っています。私はこの部分がモリソンコレクションの本体と言っても良いと思いますけれども。

それ以外に、中国、あるいは北京、上海、日本のイギリス人、あるいはヨーロッパ人の相互のつながりを少し詳しく見ていくと、東洋文庫とモリソンの関係を、もっと広くつなげることができると思います。例えば、アーネスト・サトウとかヒリアー（Hillier）一族です。後者は外交官・海関税務司・銀行家を輩出しています。人のつながりも広げてみると、モリソンの、中国・日本・朝鮮という問題とのかかわりもわかります。

また対立してケンカもしてますね。特派員も代わったりしてます。周辺は、三つぐらいのグループに分かれているということで、合意はあまりなくても、それぞれに接点はあったんじゃないかという感じがします。

中見　いや、私はそれは考えなかったね。モリソンは文書《ペーパー》を読むとわかるけれど、東京にいた『タイムズ』のフレイザー特派員と仲が良くないんです。

岡本 ええ、そうです。

中見 モリソンはそれで弱い者に対して強圧に出たりするところが、非常に多い。

斯波 彼の上司にチロルというのがいるでしょう。あれとは、大体いいんですけど。はじめ助手にしていたバックハウスとは、とことんケンカしてます。

中見 それから、一番有名なのは、奈良岡さんが書いた二十一ヵ条要求の問題です。暴露したのはモリソンじゃないか、という有名な説があるんです。文書《ペーパー》を見ていると、どうもそういう行為は出てこないんだけど、モリソンは関与はしているんですよね。有名な張学良の顧問にドナルドというのがいるでしょう。西安事件の時も関与する。その人はあのとき東京にいて、モリソンを可愛がったりしたわけですよね。

それだとか、いろいろ人間関係で。やはり北京にいたヨーロッパ人の社会というのは非常に狭いんです。そういうような中で行き来があって、しょっちゅうお互いに利用しているので。

岡本 やはりディープなんですね、世界が（笑）。

斯波 モリソンの紀行を話されたほうがいいんじゃないですか。濱下先生はモリソンの紀行の話をしていますけど。紀行が多いですよ。紀行というジャンルが、彼は好きだったと言ってますけど。

濱下 二番目に多いものは、フランス語の紀行記です。英語が圧倒的に多いのですが、フランス語が続き、ロシア語が三番目です。ロシア語の本の多さに、驚きますね。ロシアの南下策に注意を払っていたからでしょうか。

斯波　自然科学も結構ありますね。アメリカのフィールド・ミュージアムなんかが、サンプルを雲南とか奥の方に調べに行ったんですね。

濱下　それはやはり、モリソンも資源競争の調査を、情報を知ろうと思って、旅行したわけです。

斯波　森林の化石と言われていた、コウヨウザンと言うんですか、大きな木なんですけど、それだとか、サルとか何かの、ほ乳類のサンプル。そういうのに興味を持って集めていた。

中見　その当時、シカゴのフィールド・ミュージアムに有名な東洋学者がいるんですよ。それはモリソンと非常に仲が良いんですよね。満洲学者としても有名で。

斯波　中国で、仕事の上で栄枯浮沈はあったけど、結構楽しんでたところがあったんじゃないかなと思いますね。

中見　それから、先ほど言った躁鬱病じゃないけど、割とそういう意味では、人生、楽しんだ人ではあったんではないでしょうか。

岡本　早く亡くなりますけどね。太く、短くという感じかもしれない。

斯波　これからモリソンのコレクションを、

若い人たちに継承して、勉強してもらうには、どうするのがいいでしょうか。

中見　モリソンという人の目を通じてというか、フレームを通じて、モリソンが認識したもので、われわれが今、学者レベルでは見失っているものが、何かめずらしい、面白いものが出てくるという可能性があるという感じです。こういう文章を見ると、こんな利用の仕方がありますよ、とかあったほうがいいですね。

岡本　いや、それこそ今回パンフレットを見てわかったんですけど、やはり学者的というか、あるいは歴史学的という枠にとらわれると、見逃してしまうようなことがたくさんあるという気がしましたし。

さっき濱下先生がおっしゃった、いわゆるバックグラウンドが違うというか、ジャーナリストとして集めたという……。とにかく資料があると、なんとなくわれわれは食いついちゃって、それに没入する部分があるんですけど、当然そのものを調べないといけない。もう少しコレクション全体として、きちんととらえるとか、そういうのができるといい。

中見　岡本さんの目から見て具体的な例を挙げていただくと、私たちはそれが見える。こういう利用の仕方があるという……。

岡本　ええ。ですので、今回の論集『モリソンパンフレットの世界』とかで、たたき台にせよ、そうなっているといいと思います。

中見　それから、モリソン文書《ペーパー》をみると、名刺とか招待状とか。すごいです。マニアックですね。私だっていろいろ結婚式なんか出てますけど、そんなの全部残していませんが、ちゃんとメモをつけながら残してる。大変なもので、人間交際がマメなんです。だからジョーダンの娘が結婚して、お祝いを渡したら、彼女から手紙が来てたりね。

　だからまたいろいろ利用の仕方があってね。モリソンの手紙を見ていると、日本人の英語でも、やはり抜群にうまいのは、松《まつ》岡洋右《おかようすけ》。あれはアメリカ育ちでしょう。松《まつ》平恒雄《だいらつねお》なんかは、型どおりの英語なんです。ところが松岡洋右は、うまいですね。

平野　松岡はちょっと過信しました（笑）。自分の英語がうますぎたのですよ。

中見　ええ。実際、松岡洋右が英語で残している文章は、うまいですから。いわゆる松平恒雄式の、外交官としての英語とは全然比較にならないです。

平野　あらためて思ったのですが、義和団というのは、最初のＰＫＯですね（笑）。その渦中にジャーナリストとしていたということは、今日にまでつながる先駆けではないかと思います。そのときは日本はうまくやったのに、間もなくモリソンから非難されるようになったということは、モリソンの言うことを聞いておけばよかったのではないかと（笑）。

斯波　さっき中見さんがおっしゃった、周辺史はだいぶ役に立ったことが実証されているると、モリソンのコレクションを使って、いろいろ研究がなされているということですけど。中国史はどうですかね。どれくらいそれを使っているんだろうかと。濱下さんに伺ってみたいです。

濱下　日記の研究はまだこれからの課題です。また、特派員としてロンドンとのやり取りやかけ引きも追うことができます。記事は送るけれども拒否されたり、そういうやりとりの中で、「チャイニーズ・モリソン」が確立されていきます。けれども、モリソンが一方的に情報を送って、それが受け止められているわけではなくて、本国ではまた違う評価という、食い違いも出てきますから、そういう違う位相《レイヤー》の資料を、いわば突き合わせて使う、というんでしょうか、この点ではモリソンの資料は第一級です。ただ、このような複雑な資料の突き合わせは、岡本先生ならできるかもしれませんけど、あまり今の人はしんどいから取り組まないですね。

岡本　いやいや、これからの人こそ、やってほしいと思いますけれども。

濱下　今まで、義和団なら義和団、日清なら日清、日露なら日露というところが前提になっていますけれども、そうでない、むしろそこを突き抜けてしまうような議論をしていかないといけないと思います。これまでの基本的には戦争史観の歴史に対する挑戦でもあります。

斯波　これから、ますますそういうことを。

濱下　そう思います。

中見　モリソンが一番有名なのは、結局辛亥革命の時ね。これは袁世凱《えんせいがい》のもとに秩序が回復するであろうと期待していた。それで時代を予見できた男という評価が出るんです。

ところが、モリソンの情報源というのは、非常に限られているんです。モリソンはそんなに中国語できないですよね、しゃべることは。モリソン自体は深く持ってないけれども、持っていた筋が、非常に質が良かったんです。それからみたら中国の今の情勢の中で、こうなるだろうと。それがイギリスからの期待でもあったし、それで時代が受けてきた。それがウッドハウス暎子さんの（『辛亥革命とG・E・モリソン』東洋経済新報社、二〇一〇年）は、うまく書けてない。単にあちこちやったというんじゃないですよ。

だから新聞記者の時代を予見するというのはどういうことなのか、よく考えたいなと思います。

斯波　理想的に言えば、在外資料と、モリソンの裏を取って、中国にあれば、それを使えると。

岡本　いやほんとに、そういうことが、なんかすぐできる時代になってきた、というのはあります。私は腰が痛いから（笑）もうできないと思うんですが。若い人たちは……。

斯波　せっかく東洋文庫で買って、中心に据えているのでね。コレクションがこれからますます役に立つような気がするんです。

（二〇一七年二月一〇日　於東洋文庫理事長室）

第一部　東アジアのなかのモリソン

岡本隆司

モリソンとその時代

1 青春の日々

❖旅行と紀行

ジョージ・アーネスト・モリソン（Dr. George Ernest Morrison）は一八六二年二月四日、オーストラリア・ヴィクトリア州のジーロングという港町で生まれた。スコットランド系のジョージ・モリソンとその妻レベッカの長男である。父親はジーロング・カレッジの校長で、モリソン自身もここに学んだ。

一家はいわばアウトドア派、モリソンもふくむ四人兄弟は、いずれも運動に長じていた。かれが医学を志したのも、また冒険・旅行に明け暮れる生涯を送ったのも、天与の素質に即したものといえる。

では、まったくの肉体派かといえば、そうでもない。幼少期から几帳面さを要する日記やコレクションの習慣を身につけていた。また学校生活のなかで、ジャーナリズムへの関心も芽生えたという。こうして自ら育んだ資質があいまって、後年かれが外国に駐在するジャーナリストとして活躍し、またその蔵書「アジア文庫」、のちのモリソン文庫を形づくる素地になった。

図1　若きモリソン
（http://papers.iafor.org/papers/librasia2015/LibrAsia2015_08991.pdf）

モリソンはメルボルン大学に入って、医学を専攻する。ところがそれ以前の一八八〇年、かれはアデレートまで海岸七五〇マイル（約一二〇〇キロメートル）の徒歩踏破をやってのけた。そればかりか、この旅行の様子をくわしく日誌につけ、それをメルボルンの地元新聞『リーダー』紙に売りつけて公にしている。これがうまくいって味をしめたのか、かれは以後、次々とこうした旅行、そして紀行の公刊に着手していった。

大学に入ってからは夏休みを利用し、ウォドンガからマレー川をカヌーで海まで下り、そこからジーロングまで徒歩で帰った。その旅の様子を『リーダー』紙に連載していたのはいうまでもない。翌一八八二年四月、別の新聞『エイジ』紙の依頼を受け、クィーンズランド植民地に、水夫を装って渡航した。砂糖プランテーションで南太平洋諸島のカナカ族を人身売買で労働させていた問題を調査するためである。

モリソンは取材し記事を書くかたわら、そこでも旅行を企図した。ポート・モレスビーと木曜島を訪れたのちに、カーペンタリア湾のノーマントンからメルボルンまで、つまりオーストラリア大陸の南北二〇〇〇マイル（約三二〇〇キロ）を徒歩で縦断、およそ四ヵ月かけて、一八八三年の四月に帰還する。

当時かれは弱冠二一歳、健脚ぶりをみせつけたこの踏破は、褒貶こもごもあったものの、いっそうかれの名を上げたことだけはまちがいない。本来の任務だった調査も、もちろん怠りなかった。『エイジ』紙に「クィーンズランドの奴隷貿易」を非難する書翰を送り、イギリス植民省当局に解決を促している。当局は否定的で、必ずしもモリソンの望む結果にはならなかったけれども、その記事や書翰は、確実に注目を集めていた。

❖挫折と医師

そのかいあってか、メルボルンに帰還して二ヵ月たった一八八三年六月、モリソンは同じく『エイジ』紙と『シドニー・モーニング・ヘラルド』紙の助成をうけて、今度はさらに北方のニューギニア島の探検に従事することになる。モリソン率いる探検隊は、ポート・モレスビーから上陸、七月二四日に出発し、奥地へ入っていった。

山地に阻まれながら進むこと一ヵ月以上、一〇月三日にモリソンは、原住民二人の襲撃を受け、投げ槍で刺される。一隊は命からがらポート・モレスビーにもどった。モリソンも九死に一生をえて、クィーンズランドのクックタウンでしばらく療養したのち、メルボルンに帰還する。

この探険は白人としては前人未踏の奥地に入ったものだったが、失敗にはちがいない。モリソンとしては、生涯の汚点とみざるをえなかった。

落ち込んだのは、メンタル要因ばかりではない。負傷が快復しなかったからでもある。刺された槍の穂先が体内に残存していて、クックタウンで摘出するのは不可能だった。メルボルンの病院で、ようやく顔面の一本を除去してもらったのが、負傷してから五ヵ月後のことである。

もう一本の摘出手術はオーストラリアでは難しかったのか、父のジョージは一八八四年三月、かれをエディンバラ大学の外科医のところに送った。手術は成功し、中指大の木片が腹部から出てきたという。

そもそもモリソンは旅に明け暮れ、まじめに医学を勉強しなかった。あるいは勉学がうまくいかなかったので、旅に走ったというべきか。一八八二年に「クィーンズランドの奴隷貿易」調査に出かけたのも、それに先立つ同年三月の試験に落第したからこそ、なしえたことだった。

父親はそのあたりを察して、エディンバラ大学に送ったわけであり、傷が癒えたモリソンは、ここであらためて医学を修める。一八八七年八月にようやく卒業し、外科医の資格を取得した。

今日でいえば卒業旅行であろうか、フィラデルフィア・ニューヨーク・ジャマイカに旅行した後、かれはいよいよ医師として働きはじめる。一八八八年五月からおよそ一年半の間、スペインのリオ・ティントというイギリス人所有の銅鉱山で、外科医補佐として勤務した。ついで三ヵ月ほど、モロッコでスルタンの侍医をつとめ、パリに立ち寄った後、オーストラリアにもどってくる。

一八九一年四月、モリソンはヴィクトリア州のバララット病院で研修医に任ぜられた。かれは二年間ここで勤務したけれども、委員会と対立して職を辞してしまう。どうも一ヵ所に落ち着いて、黙々と負傷者・病人の手当に従事する、というのは、かれの性分に合わなかったらしい。

時に一八九三年五月、かれは三一歳。ふたたび冒険の旅に出る。

2　東アジアへ

❖ジャーナリストへの道

モリソンがめざしたのは、極東である。オーストラリア東海岸を北上、木曜島を経由し、ポート・ダーウィンから出港した。香港・フィリピンを経て、上海はじめ中国の主要港すべてを訪れている。

宣教師を名乗り、中国服を身に纏っての旅であった。首都圏の天津・北京はもちろん、万里の長城にも足をのばしている。そのあと日本も訪問し、上海に舞い戻ったのは、一九八四年の二月。モリソンはこのとき、遠大な計画を胸中にあたためていた。

すなわち、上海からラングーン（現ヤンゴン）へ、中国横断三〇〇〇マイル（四八二八キロメートル）の踏破である。前人未踏の事業だった。かれは上海から重慶まで、長江を船で遡行し、そこからはやはり中国服を着用して、徒歩、あるいは乗り物を使い、雲南を経て、ラングーンに到達する。

単身でしかも漢語をほとんど解さないモリソンが、そんなことができたのも、清朝官民の支持、支援があったからである。当時の人種差別意識をまぬかれなかったかれも、そのためか中国の人々には、強い愛着を示した。三ヵ月以上にもおよぶ大旅行ながら、かかった費用はモリソン自身の計算によれば、三〇ポンド・スターリングに満たなかったという。

いかに強壮なモリソンとはいえ、さすがに山中・大河を跋渉するこの旅は、身体にこたえたらしい。ラングーンから移ったカルカッタ（現コルカタ）で、ひどい熱病に罹って生死の境をさまよったという。ようやく快復して、一八九四年の年末にいったんオーストラリアに帰国するが、故郷に長くはとどまらなかった。

翌年二月、向かったのはイギリス。それには、二つの目的があった。ひとつはエディンバラ大学で学位を取るためである。奇形・異常の遺伝について博士論文を書き上げ、八月に医学博士となった。

もっともこれは、かれ自身にとっては、ことのついでくらいの位置づけだったかもしれない。渡英の主たる目的は、むしろ先の中国横断の旅行記をロンドンで出版するにあった。旅行中に綴った克明な記録をとりまとめていたのであり、公刊にいたったのが *An Australian in China, Being the Narrative of a Quiet Journey across China to British Burma*, London, 1895 である。

この旅行記に顕著な特徴は、上述のような中国の人々に対するシンパシー、それと表裏一体の関係にある宣教師・アヘンに対する批判的な筆致にある。これは以後のかれの政治的な方向・活動の端緒・萌芽を示すものとしてみのがせない。

たぐいまれな冒険旅行とその紀行の組み合わせは、すでにモリソンがくりかえしてきて、その十八番となった観がある。だからかれ自身にとっては、この旅行記も決して特別なものではなかったかもしれない。それでも単行本の出版ははじめてだったし、それが希有の好評を博したとあっては、なおさら記念すべきことである。それればかりではない。この紀行はかれの後半生を決定づける役割を果たした。

中国縦断旅行でモリソンは、英語圏ですこぶる著名になった。かれがロンドンに赴き、旅行記を出版してまもなく、『タイムズ』社支配人のモバリー・ベルに紹介され、かれから同紙のアジア特派員の嘱託をうけた。そして一八九五年一一月、タイ赴任を命ぜられる。いよいよ本格的にジャーナリズムへ身を投じるのである。

❖「北京のモリソン」

モリソンは仏領インドシナのサイゴン（現ホーチミン）から、コーチシナ・カンボジアを経由し、一八九六年の初めにバンコクに入った。およそ一年あまりの駐在期間、かれはタイ西部で隣接するフランスの活潑な活動を克明にレポートし、またメコン川を遡上し、タイ北部各地を踏査し、さらにそこから雲南に入ったりするなど、精力的に動いた。

折しも一八九六年一月一五日には、タイの国際的地位をめぐって英仏の間で宣言が出された時でもあり、双方ともに神経を尖らせているさなかであった。そのタイミングで書かれたモリソンの詳細なレポートは、英仏両政府ともに関心をそそったという。

もちろん『タイムズ』社内の評価も高かった。たとえば同社の外報部長だったヴァレンタイン・チロルは、モリソンを称賛した一人である。株の上がったモリソンは、正式採用となり、新たに設けられた北京常駐の通信員のポストに任ぜられた。

時に一八九七年三月。北京に着任して以後、かれは二〇年以上をここで過ごし、「北京のモリソン（Morrison of Peking）」「チャイニーズ・モリソン」という異名をとることになる。とはいっても、かれは生涯、漢語ができなかった。異名はむしろ傑出した中国通という連想なのだろう。

ジャーナリスト転身にあたって、モリソンはタイミングに恵まれていたといえよう。さきのタイ駐在も英仏の対立関係が深まったときで、自ずから注目を集めた。今回の北京駐在は、いっそういうまでもない。日清戦争後の利権獲得競争がまさに幕を切って落とそうとするさなか、極東・中国をめぐる国際政治が、全世界の注視の的になる時機にあたっていた。モリソンがそこで大きな成功を収めたのは、直接にはもちろんかれの能力によるものだろう。しかし巡り合わせも

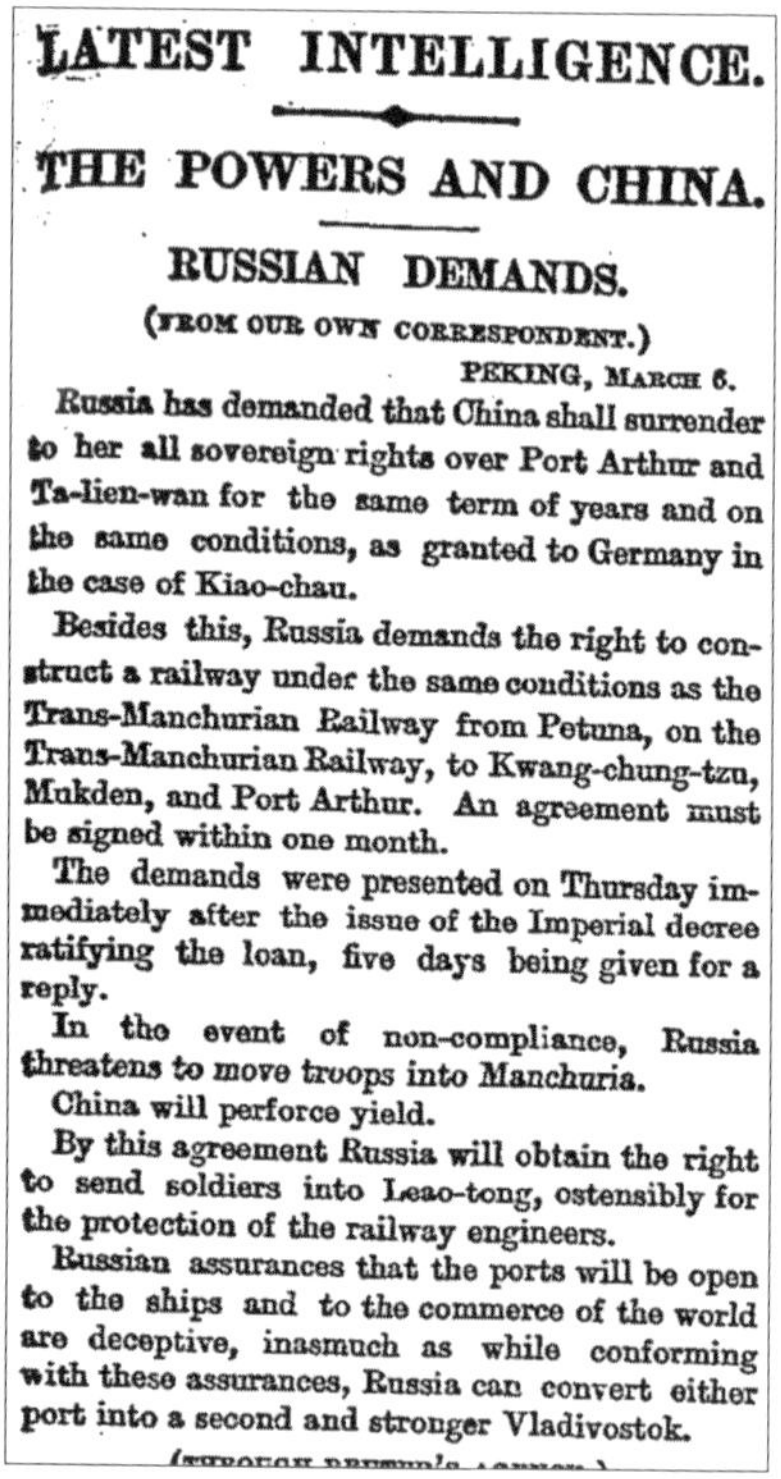
LATEST INTELLIGENCE.

THE POWERS AND CHINA.

RUSSIAN DEMANDS.

(FROM OUR OWN CORRESPONDENT.)

PEKING, MARCH 6.

Russia has demanded that China shall surrender to her all sovereign rights over Port Arthur and Ta-lien-wan for the same term of years and on the same conditions, as granted to Germany in the case of Kiao-chau.

Besides this, Russia demands the right to construct a railway under the same conditions as the Trans-Manchurian Railway from Petuna, on the Trans-Manchurian Railway, to Kwang-chung-tzu, Mukden, and Port Arthur. An agreement must be signed within one month.

The demands were presented on Thursday immediately after the issue of the Imperial decree ratifying the loan, five days being given for a reply.

In the event of non-compliance, Russia threatens to move troops into Manchuria.

China will perforce yield.

By this agreement Russia will obtain the right to send soldiers into Leao-tong, ostensibly for the protection of the railway engineers.

Russian assurances that the ports will be open to the ships and to the commerce of the world are deceptive, inasmuch as while conforming with these assurances, Russia can convert either port into a second and stronger Vladivostok.

図2　モリソンのスクープ
("The Powers and China: Russian Demands," *The Times*, March 7, 1898.)

よかったのである。時運と才能があいまって、かれの声価はめざましく上がっていった。

北京常駐になったからといって、根っからの旅行家のモリソンが、もとよりそこにじっとしているはずはなかった。かれは六月、ウラディヴォストークに赴き、そこからハバロフスクに足を伸ばして、アムール川をストレチェンスクまで遡上し、そこから汽船でウラディヴォストークにもどった。この経路は中東鉄路がまもなく開通したルートにあたっている。

かれはその間、ロシアの東三省進出の動きを実見し、その詳細をレポートにまとめ、ロンドンの『タイムズ』社に送っている。それが届いたのは、翌年の三月六日、ちょうどロシアが旅順港・関東州の租借を清朝に強要して、五日期限の最後通牒を発した事実をモリソンが打電した日でもあった（図2）。

この記事は当時、ロシアの野望を明るみにしたセンセーショナルなスクープとして知られるものだが、むしろ注目すべきは、かれがレポートのほうに、東三省の将来に日本が重要なことを見のがしてはならない、とつとに書き加えている事実である。日本の存在に対するこうした着眼は、のちの極東の歴史を見通したもので、モリソンの洞察力をあらわすといってよい。そしてほかならぬかれの後半生が、そこにいよいよ深く関わってくる。

3　絶頂

❖義和団と戦死報道

モリソンの旅は続く。翌一八九九年一月、二年ぶりにタイを訪れ、不在の間に著しく進展したその近代化事業をレポートした。もちろん単なる事実の伝達ではない。隣接するフランスが当時、タイの混乱を口実に干渉を強めていた動きを牽制するねらいもあった。このように当時の『タイムズ』紙・モリソンは、ことさらイギリスの国益に即し、あるいはそれを先取りした報道をする傾向があって、その影響力は決して軽視できない。

モリソンは北京にもどってくると、席の温まる間もなく、今度は朝鮮半島を経由してインド、イギリスにわたった。韓国では、高まりつつあった日露の対立を実見している。一九〇〇年に入って、オーストラリアの親戚を訪ねた後、あらためて日本・韓国を経、北京にもどってきたのが一九〇〇年四月四日。

やはりモリソンは、希有の巡り合わせにある人物らしい。その北京で、義和団の騒乱がはじまろうとしていたのである。

義和団はいうまでもなく「扶清滅洋」をスローガンにかかげ、キリスト教徒や教会の襲撃をはじめ、排外運動を主導した結社である。北京政府がこれを公認し、天津・北京方面に引き入れ、軍事的に提携したところから、外交問題として重大化の一途をたどった。

そのクライマックスは何といっても、北京の東交民巷、つまり外国公使館地区の包囲攻撃である。外交官およびその駐在する在外公館は、今も昔も治外法権にして不可侵、任国の法は適用されない。いわんや殺害や武力攻撃など、以ての外というのが、いわゆる国際社会のルールであり通念である。北京政府と義和団は、あえてそれを犯して、日本外交官とドイツ公使を殺害し、公使館の攻撃にふみきった。六月二〇日のことである。翌日、西太后《せいたいこう》が列強に宣戦布告をおこなった。

北京駐在の通信員であるモリソンは、当初もちろん騒乱の情況をレポートしていた。しかしかれ自身も、義和団・清軍の攻撃対象だったこと、ほかの外国人・キリスト教徒たちと選ぶところはない。東交民巷に逃げこんだのは、かれもふくめ外国人がおよそ九〇〇名、中国のキリスト教徒がおよそ三〇〇〇人にのぼったという。しかしこれを守るべき各国公使館の護衛兵は、圧倒的に少なく、募った義勇兵と合わせても、四八〇名に過ぎなかった。

このような状態で、列強が編成した八ヵ国連合軍が北京に入ってくるまで、およそ二ヵ月のあいだ、いわば籠城を余儀なくされた。そのリーダー格はイギリス公使のクロード・マクドナルドである。もっとも、実際の指揮をとって最大の貢献をしたのは、日本の北京公使館付武官で砲兵中佐の柴五郎《しばごろう》であった。

わがモリソンは三八歳の壮年、率先して義勇兵となり、危険な任務もいとわなかった。七月一六日モリソンは大腿を負傷、かれの上官だったストラウツ大尉が重傷を負って、モリソンの手当もむなしく、まもなく戦死する。それが誤って伝わったのか、モリソンも死去したことになって、翌日の『タイムズ』紙に、長大な訃報記事がでた（図3）。同日の紙面にはマクドナルド公使、そして中国に四〇年以上、滞在奉職していた洋関（税関）総税務司ロバート・ハートの訃報も載っ

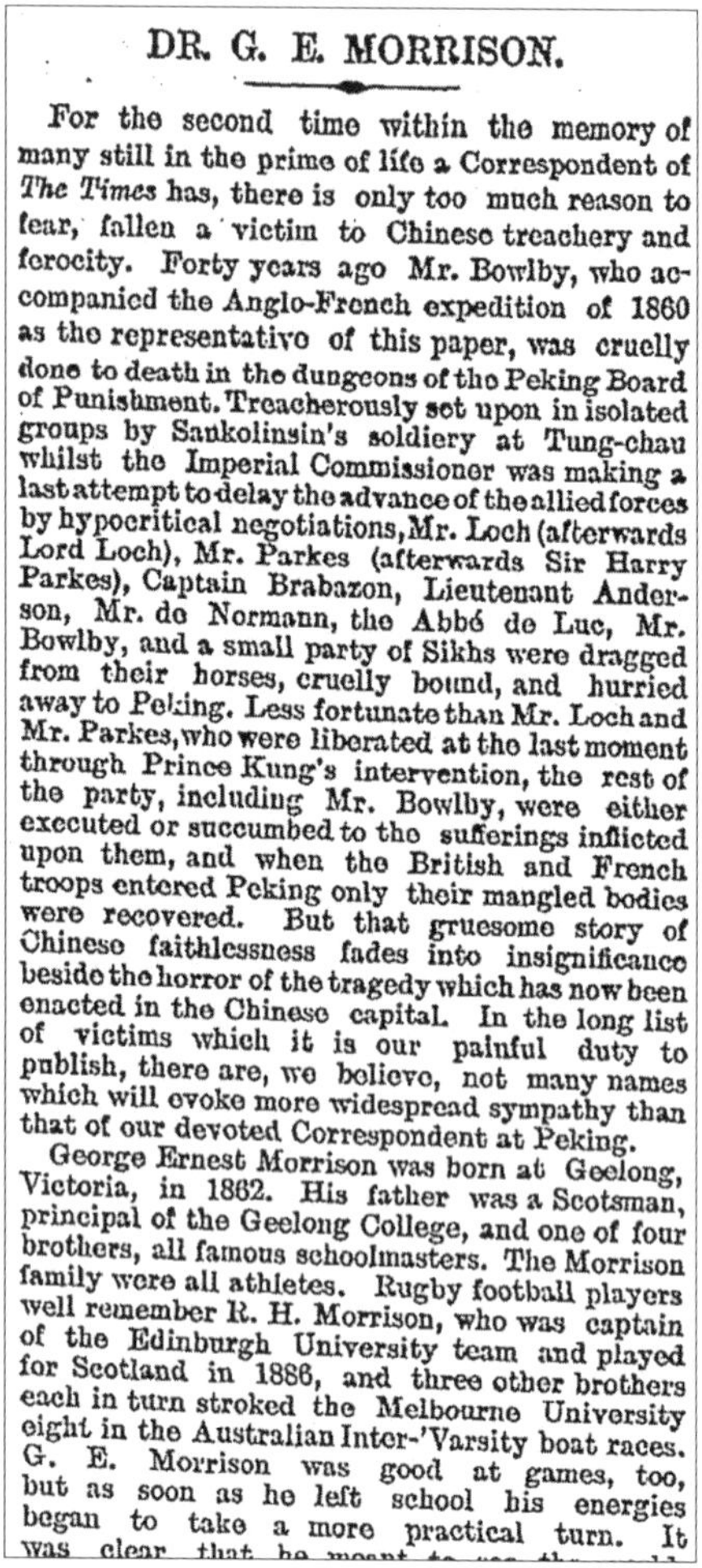

DR. G. E. MORRISON.

For the second time within the memory of many still in the prime of life a Correspondent of *The Times* has, there is only too much reason to fear, fallen a victim to Chinese treachery and ferocity. Forty years ago Mr. Bowlby, who accompanied the Anglo-French expedition of 1860 as the representative of this paper, was cruelly done to death in the dungeons of the Peking Board of Punishment. Treacherously set upon in isolated groups by Sankolinsin's soldiery at Tung-chau whilst the Imperial Commissioner was making a last attempt to delay the advance of the allied forces by hypocritical negotiations, Mr. Loch (afterwards Lord Loch), Mr. Parkes (afterwards Sir Harry Parkes), Captain Brabazon, Lieutenant Anderson, Mr. de Normann, the Abbé de Luc, Mr. Bowlby, and a small party of Sikhs were dragged from their horses, cruelly bound, and hurried away to Peking. Less fortunate than Mr. Loch and Mr. Parkes, who were liberated at the last moment through Prince Kung's intervention, the rest of the party, including Mr. Bowlby, were either executed or succumbed to the sufferings inflicted upon them, and when the British and French troops entered Peking only their mangled bodies were recovered. But that gruesome story of Chinese faithlessness fades into insignificance beside the horror of the tragedy which has now been enacted in the Chinese capital. In the long list of victims which it is our painful duty to publish, there are, we believe, not many names which will evoke more widespread sympathy than that of our devoted Correspondent at Peking.

George Ernest Morrison was born at Geelong, Victoria, in 1862. His father was a Scotsman, principal of the Geelong College, and one of four brothers, all famous schoolmasters. The Morrison family were all athletes. Rugby football players well remember R. H. Morrison, who was captain of the Edinburgh University team and played for Scotland in 1886, and three other brothers each in turn stroked the Melbourne University eight in the Australian Inter-'Varsity boat races. G. E. Morrison was good at games, too, but as soon as he left school his energies began to take a more practical turn. It was clear that he

図3　義和団での死亡記事
（"Dr. G. E. Morrison," *The Times*, July 17, 1900.）

たけれども、いずれも誤報だった。

籠城は八月一四日、八ヵ国連合軍の北京占領をもって終結する。モリソンもどうにか生き延びたけれど、その感慨に浸っている暇はなかった。『タイムズ』紙にさっそく北京籠城の実見記を寄せているし、さらに国際政治の荒波は、すでにこの間、勢いを増していたからである。

❖日露戦争

荒波とは具体的に言い換えれば、ロシア・東三省の情勢である。義和団は決して天津・北京方面だけで戦われたのではなく、東三省にも波及していた。そこは中東鉄路や旅順・大連租借地のあるロシアの勢力圏であり、その権益を防衛すると称して、ロシアは大軍を入れ、東三省を事実上、占領したのである。

この動きに敏感に反応したのは、隣接する朝鮮半島を勢力下におきたい日本、ロシアと世界規模で対立するイギリス、そして『タイムズ』紙、もっと具体的にいえば、極東情勢を通信するモリソンであった。かれは以後の形勢を記事にし、ロンドンに配信するにあたって、一貫して反露・親日の立場をとりつづける。もちろん日本をロシア南下に対する防壁にするという構想で、当時のイギリス政府の立場に近いが、むしろ報道がそれをリードした観もあった。

かくて一九〇二年、日英同盟が成立し、一九〇四年、日露戦争に至るのは、周知のとおりである。そのため日露開戦に対するモリソンの役割を重視する研究もある。その比重はなお考察の余地はあるものの、かれが日露戦争を望み、そこで一定の役割を果たしたことはまちがいない。

かれは戦争中、従軍記者として日本の第三軍司令部に配属された。乃木希典《のぎまれすけ》が率い、旅順攻囲戦に従事した部隊である。旅順が陥落した一九〇五年一月、モリソンは招かれて、第三軍の旅順入城式にも立ち会った。

日露戦争はアメリカの仲介によって、ポーツマス会議で終結する。一九〇五年八月一〇日よりはじまった講和会議は、九月四日の条約締結まで、公式会談が一七回にわたる難渋なものだった。モリソンは八月四日から三一日まで、当地に滞在している。主として日本の立場を取材する任務であった。戦前の姿勢からしても、当然の配置だったかもしれない。

第0次世界大戦とも称せられる日露戦争は、次の時代の極東国際政治の構図を決めつつあった。日露の講和を仲介したアメリカは、「門戸開放」を掲げつつ、中国東三省への経済的進出に期待を膨らませた。とりわけ鉄道建設事業に、そうした期待が如実にあらわれる。

そうしたアメリカの動向は、清朝側にとって歓迎すべきものだった。いかに日露戦争で双方傷つけあったとはいえ、東三省における日露勢力の突出はまちがいない。そのため武力に劣る清朝当局者は、他の列強をひきいれて、いわば相互牽制の形勢にもちこむことで、自らの権力保持と開発促進をすすめようとした。そうした観点から、アメリカの姿勢は歓迎すべきもので、以後の中米接近・提携は、ここにはじまる。

それはもとより、既得権益を有する露・英・日に影響を及ぼした。なかんづく日露戦後、東三省のロシア権益を継承した日本にとって、米中の動きは新たな権益を脅かしかねないものだった。

❖転換

モリソンはこうした状況のなか、日本が東三省にすすめた政策に対する批判記事を、しばしば『タイムズ』紙に掲載した。日露戦争以前、積極的な日本支持を展開していたかれが、戦後は反日に一変したのである。日本勢力が日露戦後、排他的・独占的に急伸すれば、アジア太平洋地域のイギリスの権益を脅かしかねないと恐れたためだろう。

かれは国際輿論を喚起し、東三省におけるアメリカのプレゼンス増大と清朝への支援を通じて、日本の勢力伸長を抑制しようとした。こうした政策方針が一〇年後、いわゆる対華二十一ヵ条要求での役割につながってくる。

その間、モリソンの勢威は、絶頂に達していた。対日問題ばかりではない。知日家として有名なアーネスト・サトウの後任の北京駐在イギリス公使任命にも関わったし、すでに言及したインドアヘンの輸入禁止問題にも、精力的にたずさわっていた。もはや一介のジャーナリストの域をはるかに超えた活動だったことは確かである。

そうした政治活動のほか、かれは旅行家・冒険家の本領を失わなかった。一九〇六年一二月には、フランス領北ベトナムへ向け、北京を出発し、中国縦断旅行をおこなっているし、いっそう有名なのは、一九一〇年の西北旅行であろう。

北京を一月一五日に出発し、西トルキスタンのアンディジャンまで、三七五〇マイルを踏破、一七五日に及ぶ大旅行である。西安を経由して甘粛に入り、ハミからウルムチを通り、イリについたのが五月一八日、そこから天山を越えて、カシュガルに到着、国境を越えてアンディジャンにたどりついた。六月一〇日のことである。

もちろんモリソンは、この旅程での観察を逐一記録し、『タイムズ』紙上に公表した。"Across China and Turkestan"というタイトル、一二回にわたる連載である。イギリスの官民に与えた影響も、決して小さくなかった。カシュガル駐在の領事が総領事に昇格されたのは、その代表的な事例であって、これはモリソン自身も、自慢したほどのものである(1)。

そのあと、ペテルブルクをへてロンドンに向かったモリソンが、中国にもどってきたのは、翌一九一一年の二月。経由したハルビンでは、折しもペストがひろがっており、かれも医師として、その拡大阻止を援助した。

同じ年の一〇月一〇日、辛亥革命が勃発する。この歴史的大事件、複雑な政局の展開にさいしても、モリソンはあいかわらず、克明正確なレポートを送り、その見通しの確かさを発揮した。

翌年、帝制が倒れ、清朝は滅亡、共和国が成立し、袁世凱が臨時大総統になる。中国は大きな転換をとげたが、それは同時に、モリソン自身の転身をもたらすものであった。

4 晩年

❖外国人顧問

モリソンには疲れがみえはじめていた。このころ気力も体力も減退したようで、次第に現状の境遇では満足できなくなってきたらしい。給与では暮らしていけない、昇進もおぼつかない、という自らの処遇への不満を漏らしている。

こうした動機も手伝って、かれは一九一二年九月末、一七年間つとめた『タイムズ』社を辞した。その前月には、袁世凱からオファーのあった中華民国大総統府政治顧問の就任を受諾していたし、秘書のジェニーと結婚もしている。新妻は二七歳年下、女性遍歴でも有名だったモリソンも、ようやく安定した生活を望んだと思しい。五〇歳で大きな人生の転機を迎えたわけだが、母国オーストラリアでの政界入りも、将来的にはめざしていたようである。

モリソンはかくて政治顧問として、中華民国大総統袁世凱に助言を与える立場になった。それと同時に『タイムズ』退社後も、フリーのジャーナリストとして活動している。しかしその声価の低下は、覆うべくもない。同時代の論評でも、影響力が三分の一となった、という声すらあがった。やはり『タイムズ』紙あってこその「北京のモリソン」だったのである。

モリソン自身も顧問の地位・職務には、決して満足していなかった。通信員のころに比べて、充足感が乏しかったのであろう、しばしば不平をもらしている。実際にかれが顕著な働きをみせた局面は、さほどに多いとはいえない。その倦怠感はおそらく、増す一方だった。

❖逝去

そうはいっても、モリソンが顧問として何の業績も残さなかったわけではない。有賀長雄《ありがながお》ら日本人もいた同時期の同僚の顧問たちに比べれば、その存在感はむしろ群を抜いていたともいえる。中華民国成立後、北京政府が重ねて外債を起こすにあたって、かれの名前はしばしば見えるところである。日本人に最もよく知られるのは、第一次世界大戦勃発後、日本が中国につきつけた対華二一ヵ条要求をめぐる国際政治に深く関与して、日本が不利になる動きをしたことだった。

第一次大戦ではじめ中立を保っていた中国が、対独参戦をおこない、戦勝国の地位を確保できたのも、モリソンの働きがあったといわれている。確かに日本と対抗し、イギリスとの関係を維持する、というかれの方針に一致した動きではあった。

そしてかれ自身、中国がそうした戦勝国の地位で臨んだ、一九一九年のパリ平和会議にも参加した。この会議は中国の代表が活躍しながらも成果に乏しく、そのため北京に端を発して五四運動がおこって、新たな中国が生まれ出づる胎動をもたらしたことで有名である。しかし「北京のモリソン」「チャイニーズ・モリソン」が、その新たな中国・北京にもどることは、もはやなかった。

モリソンは正式な代表団の一員ではなかったものの、会議で交渉にも関わった。けれどもヴェルサイユ条約の調印をまつことなく、五月七日、ロンドンに渡った。悪化していた病気の治療のためである。

ロンドンで入院、手術を受け、療養生活に入ったものの、しかし容態ははかばかしく好転しない。一年の間に転院・転居をくりかえさざるをえなかった。一九二〇年の三月から移っていた港町のシドマスにて、五月三〇日、膵炎による栄養失調で逝去、享年五八歳だった。看取った妻のジェニーもその三年後、三四歳の若さで三人の子を遺し、夫の後を追うように世を去った。

❖人物

モリソンはじつに多面的な人物だった。ここまで簡単にみてきただけでも、それがわかる。医者であり冒険家でありジャーナリストであり、そして政治家でもあった。

プロフェッションの確立した今日とは異なって、当時はそうしたことが可能だった時代なのだろう。それでも本人に見合った才力がなければ、そもそも成り立たない。いずれの職業にもまず共通して必要なのは、物事に対するすぐれた洞察力である。モリソンはまちがいなく、その資質に恵まれていた。

最も活躍したのは、冒険とジャーナリズムの世界である。モリソンがしばしば卓抜な紀行でとり結んだこの両世界は、しかし必ずしも完全に合致するものではない。冒険には冷徹な洞察と綿密な調査が必要で、そこまでは記者の取材分析と同じである。けれども冒険踏査にふみきらせるのは、やはり最後には熱情・決断、もしくはある種の軽率さにほかならない。モリソンをして極東・北京に行き着かせた軽快なフットワークは、じつは無謀と背中合わせ、思い入れの激しい性向のなせるわざでもあった。

これが必ずしも、ジャーナリストにふさわしい資質だったとはいえないし、またかれが実際に新聞記者として、冷静な取材に従事していたとも思えない。中見立夫によれば、モリソンは「つねにみずからの信念と期待を」取材活動にこめていた。

そのあたりの事情は、アヘン問題に関与した活動や日本に対する姿勢からも、顕著にみることができるし、また高く評価された辛亥革命のレポートでさえ、「かれ自身の希望」と「立場にそって、結果として事態が動いた」にすぎない、という。(2) けだし正鵠を射た評価というべきだろう。

ともあれモリソンの生涯とその時代は、まさしく波瀾万丈というにふさわしい。かれを軸にいくつも歴史が書かれてきたのも納得できるし、これからもまた書き継がれてゆくだろう。何しろかれはおびただしい資料を遺した。冷静な記者には必ずしも向かなかった性癖は、文書のやりとりや記録の保存、コレクションの方面では、すこぶるポジティヴに作用したものらしい。

モリソンは非常に多くの人々と親交があり交信を続け、それらの人々を通じて、多くの情報が彼のもとへと集まっていた。かくも多くの人々と交流を保ちえたのは、多分にモリソンの性格、すなわち極めて多忙ななかで、来た手紙には必らず返事を出し、そしてもとよりその手紙は保存し、返事は写しを取っておく、といった丹念さによるものであろう。(3)

打ち込んだものには、周到な配慮を怠らない。モリソンのこうした性格から生み出され、今も残る厖大な日記・書翰は、恰好の歴史資料となっている。

それにまして、その性格が寄与したのは、自身の蒐書活動だった。それは浩瀚な欧文書籍コレクション「モリソン文庫」となって後世に伝わり、やがて日本の地で東洋文庫に発展し、今に至っているのである。

注

（1）菅原純「〝北京のモリソン〟と新疆」（『東洋文庫書報』第二九号、一九九七年）。

（2）中見立夫「最近のG・E・モリソン関連文献」（『東洋文庫書報』第一二号、一九八〇年）二八、三〇頁。

（3）中見立夫「最近のモリソン文書」（『東洋文庫書報』第三八号、二〇〇七年）三〇頁。

（本稿は『モリソンパンフレットの世界』所収の拙稿「導論」を節略、再録したものである）

矢吹 晋

朝河貫一とモリソン

1 満洲問題における朝河

❖『日露衝突』

朝河貫一《あさかわかんいち》（一八七三〜一九四八）といえば、日本法制史の研究者にしてイェール大学教授、米議会図書館の日本関連書籍資料を蒐集したことで有名な人物である。その彼は一九〇三年に大化改新を分析した博士論文 *The Early Institutional Life of Japan*, Waseda University Press を提出すると、ただちに日露紛争・衝突の研究に着手し、『日露衝突』（*The Russo-Japanese Conflict*, Westminster）という英文著作を一九〇四年一一月に出版した。朝河はダートマス大学講師の職を得て東洋外交史を担当したので、これは講義の準備と朝河自身の問題意識が重なるものであった。

三〇歳の若き朝河は、祖国の命運に思いを馳せて渾身の力で執筆した。塩崎智によれば、この英文著作は新聞五紙、雑誌六誌で取り上げられた。同年に出た岡倉天心《おかくらてんしん》の『日本の覚醒』（*The Awakening of Japan*）と比べると、アメリカのメディア界の反応は鈍かったが、これは「朝河の著書が学問的で硬質な印象を与え、岡倉の著作のように内容がセンセーショナルではなかったからだ。とはいえ『日露衝突』に対するメディアの反応は良好で、ほとんどの書評は絶賛に近い」。

たとえば『ニューヨーク・タイムズ』紙の書評は、「日露戦争に関しては、様々な形で取り上げられてきたし、今後さらに書かれるだろう。しかし、これまでのところ、この戦争の原因と争点について、明白でしかも公平な態度で論じたものはなかった。本書では、それが立派に成し遂げられている」と賛辞を惜しまなかった。『ニューヨーク・タイムズ』紙と並んで早々と書評を掲載したのが、『アウトルック』誌で、評者は古参ジャパノロジスト、ウィリアム・エリオット・グリフィスであった。グリフィスは明治初頭、福井の藩校と東京の大学南校（東京帝国大学の前身）で教壇に立った外国人教師として知られているが、これは日本に関する知識と経験の豊かさを十分に窺わせるものであった。

英語で記述する日本人著述家の登場。この出来事の世界史における意義は、文学の域に止まらない。六十年前、外国人は誰も日本語の本を読めなかった。そして、英語で書かれた本を読める日本人も一人もいなかった。今では、正確で説得力があり、かつ繊細な語法を用いて、ミカドの臣民は私たちの言語で私たちに語りかける。この才能において筆頭に挙げられるのは、博識で公正な感覚の持ち主、朝河博士である。

博士が、母校イェール大学の出版物に五月と八月に発表した論文は、すぐに学界の熱心な関心を引き付けた。

日露戦争という問題に関し、一方のために嘆願することもなければ、他方を非難することもない。ただ、博士が理解したように、論題について説明しているにすぎない。博士が読者に理解を求めているのは、善悪の判断ではなく、説明そのものなのである。本当に、博士はどんな些細なことであれ、偏見を徹底的に検証して見せる。彼はロシア側からも、ふんだんに引用している。

塩崎はここで、グリフィスがかつて大学南校で小村寿太郎らを教育した経験を踏まえて、その教育の中から朝河のような英語使いが誕生したことを喜んでいるとコメントした。朝河自身は福島県尋常中学でハリーファックスから英語を学び、東京専門学校を経て、ダートマス大学、イェール大学院に進んだので、グリフィスの直接の教え子ではないが、グリフィスたちの切り開いた文明開化の時代に英語を学び、世界に目を開かれたのであった。『ネイション』誌は、「作者の国籍は、もし明かされなければほとんど推測できないのではないか」と評して、英文の巧みさを次のように指摘した。

今回の戦争は、世界の自由主義者たちの同情が、ほぼ一方に集中した南北戦争以来の大戦である。本書の特色は、口論中の人がよく使う類の口調や表現を抑制している点にある。そして悲しいかな、ロシア側にはこのような姿勢は欠如している。本書を読むと、ある戦争、そして自国の弁護のためになされたある主張に思い至る。同じような克己心をもってフランクリンはアメリカ植民地における実情を世界に示し、リンカーンは南部に対する北部の真実を述べたのだった。

朝河の論述は、アメリカ建国の英雄たち、フランクリンやリンカーンのそれに匹敵するほどの説得力をもつと評価されたわけだ。

だめ押しだが、もう一つの書評を紹介したい。シカゴ大学の学術誌『アメリカン・ジャーナル・オブ・ソシオロジー』誌の書評は「この日本人学者に見られる冷静さ、現実性、そして勇ましさは、日本人の政治家や将軍についてわれわれが耳にする資質すべてと一致し、東洋の最終的な勝利を予感させる」とした。明治維新以後、日露戦争まで半世紀足らず、日露戦争の勝敗はまだ分からない段階だが、この評者は、朝河の著作が日本の力量を代表すると見て、すでに勝利を予感していた。

これらの好評を背景に、『ニューヨーク・タイムズ』紙の小冊子『サタデー・ブック・レビュー』は、「クリスマス・プレゼント本百選」の一冊に選んだ。日本関連の本でほかに選ばれたのは、ラフカディオ・ハーン著『神国日本』だけであった。ハーンは一九〇四年一〇月、『神国日本』の出版を見ずに日本で死去したので、同情を集めていたが、朝河の場合は、「まさに実力で選考された」と塩崎は評している。朝河の手紙によると、国務長官のジョン・ヘイも『日露衝突』を読み、著者（朝河）にコメントを寄せてきた。

以上、塩崎の著書[1]に依拠しつつ、朝河の『日露衝突』がアメリカ知識界でどれほど高く評価されたか、その一端を紹介した。朝河の『日露衝突』がこれほどまでに高く評価されたのは、朝河の英語力、分析力の背後に旧帝国ロシアに立ち向かう新興日本の息吹が読み取れたからに違いない。日露戦争勝利以後、驕る日本に対する評価が一八〇度転換する事情を理解するうえで、勝利の帰趨が決まるまでのアメリカ世論を知ることが重要なので、あえて長々と紹介した次第である。

❖『イェール・レビュー』論文と単著『日露衝突』との関係

ここで一つ指摘しておきたいのは、単著『日露衝突』と、その要約としての季刊『イェール・レビュー』誌、一九〇四年五月号・八月号所載の二篇の論文との関連である。阿部善雄は、朝河は『イェール・レビュー』論文を拡充して『日露衝突』の単著にまとめたと記しているが(2)、執筆の先後関係は逆であった。すでに用意していた『日露衝突』の序説部分を五月号に載せ、残りの部分を圧縮して八月号に載せたのであった。その経緯は小著で詳論した(3)。

朝河貫一の『日露衝突』は一九〇四年一一月の刊行に先立つ半年前に、その序説が『イェール・レビュー』五月号に発表され、『ニューヨーク・タイムズ』社説の紹介で話題となり、さらに『イェール・レビュー』八月号で著者の見解の概要が知られたところで、単著が出版された。三〇歳を過ぎたばかりの無名の日本人学究の本がアメリカ知識界でこのように受け止められたのは、権威のある『イェール・レビュー』に掲載され、『ニューヨーク・タイムズ』社説等に高評を受けたのを契機としている。

さて『イェール・レビュー』五月号に掲載された“Some of the issues of the Russo-Japanese conflict”を一瞥すると、これは日清戦争から日露戦争までの約一〇年の日本・満洲・韓国関係が、相互補完的な経済共同体に発展しつつあることをさまざまな資料で実証したものである。これに続いた『イェール・レビュー』八月号掲載の“Some of the events leading up to the war in the East”は、五月号論文の各論点を詳論したもので、すでに用意されていた『日露衝突』の圧縮である。ここで引用された欧文資料は、前掲資料に加えて、*British Parliamentary Papers* のうち、*China* 篇、*Russia* 篇、*The U.S. 55th Congress Report*, *The Times*（London）のほか、フランス語資料数点からなる。

山内晴子によれば、単著としてまとめられた『日露衝突』が日本語資料として多用したのは、日本領事館報告の『通商彙纂』が一八回、徳富蘇峰創刊の『国民新聞』が一四回、東亜同文会の月刊機関誌『東亜同文会報告』が八回、『東洋経済新報』七回などである。英文資料は英米の領事館報告が主たる部分を占める。(4)

朝河はロシア語が読めないことは遺憾と自省しつつ、英訳文献から可能な限りロシア側の見解を引き出して、日露間の主張や立場の違いについては、客観的、公正な記述を行うよう特に意を用いていた。朝河の分析が評価されたのは、一にその公正、公平なスタンスによる。

2　朝河のモリソン引用

朝河貫一が満洲問題を論じたものは、ほとんどすべてが東洋文庫の「モリソン文庫」に収められている。朝河がそのなかで、どのようにモリソンを引用したかを調べてみれば、朝河のモリソンに対する態度もわかる。

ロシア関係の引用箇所の分析においては、『イェール・レビュー』一九〇四年八月号論文を用いるのが便利である。朝河はこれに続けて『イェール・レビュー』一九〇九年一一月号論文と、『アメリカ政治学会年報』に収められた学会報告において、各一回ずつ引用した。実質的内容から判断して、朝河は都合三回モリソンを引用した形になる。

❖朝河のモリソン引用、その1

第一の引用は、いわゆる露清密約、李鴻章・ロバノフ協定、カッシーニ協定等、さまざまの名で呼ばれる露清秘密協定に関わる。

朝河は一九〇一年三月二〇日付『タイムズ』紙、モリソンによる慶親王奕劻《けいしんのうえききょう》のインタビューが、Our Special Correspondent のクレジットで三月一九日に打電されたものを引用した。文脈が複雑なので、以下に該当個所の一節を掲げながら、引用箇所とその意味を説明したい。

朝河は一八九六年三月および一〇月に結ばれたはずと推定した「露清協定」を次のように分析した。

これらの協定の性質を検証する前に、露清の間で公式の外交チャネルで何が行われたかを観察することが重要だ。一八九六年三月と一〇月に外交界は、いわゆるカッシーニ協定が報道されたことに驚かされた。

ここでの朝河の典拠は、Henri Cordier, *Histoire des relations de la Chine avec les puissances occidentales*, tome 3, Paris, 1902, pp.305-306 である。

この本の主張によれば、ロシア公使と故李鴻章《りこうしょう》の間で次の結論が得られたという。第一はロシアに清は、さまざまな条件の鉄道利権をひきわたす。すなわち、①満洲里から吉林経由でウラジオストクへ、②旅順・大連から山海関へ、③山海関から奉天経由へ吉林を結ぶ路線である。第二は、膠州湾、旅順港、大連湾の使用に関わる条項である。この文書の特異性は、Henri Cordier, *Histoire*, III, p.348 で指摘されている。第三は、協定の存在自体を中国当局が否定してきたことだが、この否定は報道されたような形では、李鴻章伯とカッシーニとの間の文書は存在しない、という意味と理解されよう。

朝河はフランス人歴史家の経緯の分析を踏まえて、カッシーニ協定は、伝えられるような形での文書は存在しないかもしれないが、日清戦後の露清関係の展開から見て、いわゆるカッシーニ協定の「内実」は存在すると確信して、その裏づけのためにモリソンによる総理衙門の慶親王へのインタビューを用いたのである。

こうして、朝河の『イェール・レビュー』八月号論文において、モリソンの記事は、露清関係の中心部分に対する朝河の分析を支えるキーポイントとして引用された。ロシアの対清接近が日清敗戦に伴う賠償金を支払うための対清借款がらみである事実を朝河は注視していた。朝河の見るところ、日清戦争後の満洲は、事実上、ロシアのプレゼンスが圧倒的で、それを保証するものが「カッシーニ（・李鴻章）協定」にほかならないのであった。

カッシーニ伯は一八九一〜一八九七年に北京に駐在したロシア公使として、李鴻章との間に表裏さまざまな交渉を行った外交官であり、その後駐米大使に昇格したが、この人事もカッシーニの貢献度を裏書きしたものと見てよい。

❖朝河のモリソン引用、その2

朝河の第二のモリソン引用は『イェール・レビュー』一九〇九年一一月号論文、すなわち日清の「満洲協定」である。ここでいう「満洲協定」とは、伊集院彦吉と梁敦彦《りょうとんげん》との間で調印された一九〇九年九月四日の日清協定（いわゆる間島協定）を指す。朝河はこれを評して、「ポーツマス条約以来の極東でいかなる国際的な協定よりも重要で、興味深いもの」と評価した。「これは東洋における日本の威信を高めるとともに、朝鮮と南満洲における共通の経済的利益を深める傾向をもつ」ものであり、「協定はアメリカにとっても、興味深い」として、

アメリカの大衆が東洋事情をマスコミによって不十分にしか知らされていないことも明らかになった。これらの状況下で国民感情があらかじめ計画された線に沿って誘導されること、少なくとも国際間の正義と平和のために、国家は利害の管理に寛容であるよりも、重要な東洋問題についての議論により多くの光と自由を与えるべきことは、喫緊の課題である。

と論じている。日露戦争のあと、急激に変化するアメリカ世論を見据えながら、満洲問題を分析しようとしている朝河のスタンスがここに明らかである。曰く、

一部は日本の失策により、一部は中国の過度の排外主義により、双方はすでに点火された火に油を注いでおり、外国人もそれを煽ることに興味を感じている。

このような状況のもとでトラブルの焦点・間島の協定がまとまったことに朝河は注目した。

（1）清国は南満洲鉄道の利益を害する明白な要求をもって帝国鉄道を現在の終点新民屯から北の法庫門へ延長しようとしているが、日本はこの動きに反対している。英仏独米（最近はポルトガル鉄道も清国割譲に加わった）は一九〇五年一二月に、三項が廃棄されるまでは、日本の路線の周辺に中国が路線を設けるべきではないと主張し、日本が提起した妥協案に清国は反対している。

（2）撫順の豊かな炭鉱をロシア側は一八九八年の協定に基づき鉄道の割譲に付随する九つの炭鉱の一つとみなしてきた。しかし日本が鉄道を引き継ぎ炭鉱経営を始めたとき、清国はこう主張した。仮に炭田の半分はロシアに属するとしても、他の半分は中国人所有者から強制的に得たものであり、それゆえロシアには日本に引き渡す権利はない。

（3）清国はまた煙台、本渓湖などの炭鉱を日本が経営することに反対した。これらの炭鉱は

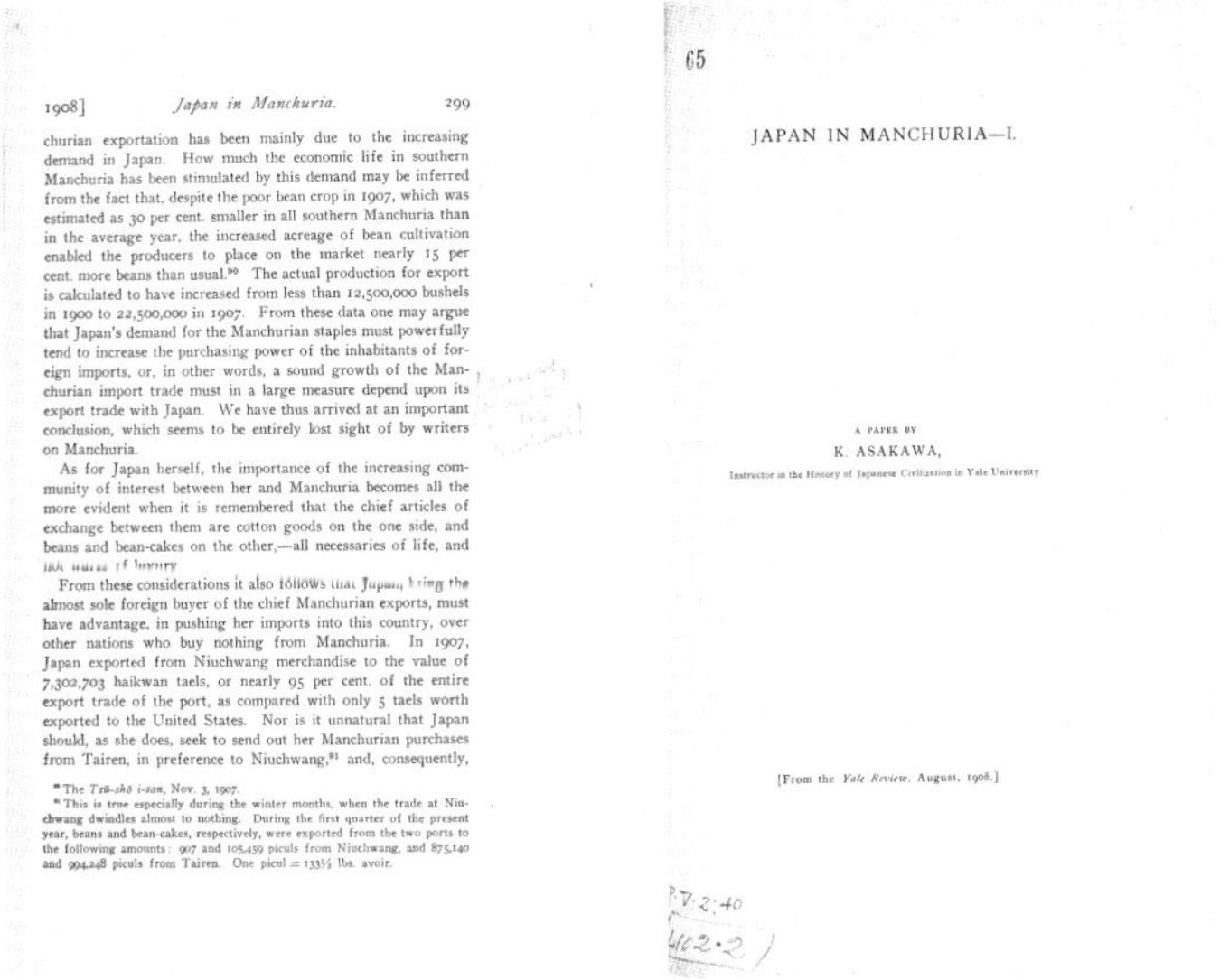
1908] *Japan in Manchuria.* 299

churian exportation has been mainly due to the increasing demand in Japan. How much the economic life in southern Manchuria has been stimulated by this demand may be inferred from the fact that, despite the poor bean crop in 1907, which was estimated as 30 per cent. smaller in all southern Manchuria than in the average year, the increased acreage of bean cultivation enabled the producers to place on the market nearly 15 per cent. more beans than usual.[90] The actual production for export is calculated to have increased from less than 12,500,000 bushels in 1900 to 22,500,000 in 1907. From these data one may argue that Japan's demand for the Manchurian staples must powerfully tend to increase the purchasing power of the inhabitants of foreign imports, or, in other words, a sound growth of the Manchurian import trade must in a large measure depend upon its export trade with Japan. We have thus arrived at an important conclusion, which seems to be entirely lost sight of by writers on Manchuria.

As for Japan herself, the importance of the increasing community of interest between her and Manchuria becomes all the more evident when it is remembered that the chief articles of exchange between them are cotton goods on the one side, and beans and bean-cakes on the other,—all necessaries of life, and not wares of luxury.

From these considerations it also follows that Japan, being the almost sole foreign buyer of the chief Manchurian exports, must have advantage, in pushing her imports into this country, over other nations who buy nothing from Manchuria. In 1907, Japan exported from Niuchwang merchandise to the value of 7,302,703 haikwan taels, or nearly 95 per cent. of the entire export trade of the port, as compared with only 5 taels worth exported to the United States. Nor is it unnatural that Japan should, as she does, seek to send out her Manchurian purchases from Tairen, in preference to Niuchwang,[91] and, consequently,

[90] The *Tsū-shō i-san*, Nov. 3, 1907.

[91] This is true especially during the winter months, when the trade at Niuchwang dwindles almost to nothing. During the first quarter of the present year, beans and bean-cakes, respectively, were exported from the two ports to the following amounts: 907 and 105,459 piculs from Niuchwang, and 875,140 and 994,248 piculs from Tairen. One picul = 133⅓ lbs. avoir.

65

JAPAN IN MANCHURIA—I.

A PAPER BY

K. ASAKAWA,

Instructor in the History of Japanese Civilization in Yale University.

[From the *Yale Review*, August, 1908.]

図1　朝河がモリソンに送った『イェール・レビュー』誌論文の一例（“Japan in Manchuria I,” *The Yale Review*, August 1908.）（東洋文庫所蔵 P-V-a-65）

条約により鉄道に属するとみなされていたものである。

（4）一九〇八年に清国は日本に対して、一八九八年の露清協定の効力について南満洲の鉄道の支線たる牛荘線を含めないと要求した。しかし日本側は関係者全員の利益だけでなく、この支線を経営するためにも、現在の牛荘屯から牛荘に近い地点までの延長を求めた。

（5）同様に、中国は新民屯・奉天支線を現在の不便な駅から奉天旧市内に延長することを求めたが、日本は土地の占有権を根拠に、日本の支線を同様に奉天旧市内まで延長することを認めないかぎり清国の主張に同意できないとした。

(6) 白頭山と図們（朝鮮と満洲間の豆満江とは異なる）として知られる松花江間の領域は、不定の名称「間島」と呼ばれ、朝鮮植民者が居住し、朝鮮政府は歴史的な強い基礎に基づいて朝鮮領、あるいは少なくとも朝鮮清国間の中間領とみなしてきた。しかしながら清国は何十年間も満洲の一地域とみなして管理し指揮していた。日本の朝鮮総督は、領土主権の問題は提起せずに、清国の地方当局の過酷な統治からこの地域の朝鮮居民の保護権を主張してきた。清国はこれらの朝鮮人は清国の領土に入り込むという自発的行為によって清国の臣民になって、日本の保護の対象であることをやめたと主張した。

以上が朝河の分析した「日露戦争以後の日清間のトラブル」だが、これらに一定の解決策で合意できたことを朝河はポーツマス以来の成果と称賛したのであった。

これに対する外国メディアのコメントに加えて、モリソンが『タイムズ』紙に書いたコメントをこう引用した。「厳しい日本批判家で知られるモリソン博士は、協定の調印に全体として満足した」と評した。すなわち、清国と日本は、少し前に両国に深刻な疎遠をもたらす脅威となってきた争点の平和的解決を等しく祝福するに値する。解決にとっての主な障害は疑いなく、北京中央政府の悲しむべき弱体ぶりだ。しかしながら奉天・安東鉄道に対する日本の行動は、単に引き延ばしと妨害のムダ行為に持ち込まれただけだ。日本は清側に友好的解決の誠意が見られないことに気づくならば、中途半端に放置することになろう。

まことにモリソンの予想通りに事態は進行する。清国の弱体ぶりは、一九一一年の辛亥革命で明らかになる。モリソンも朝河も、清政府の弱体ぶりには気づいていたが、辛亥革命は視野に入っていない。

❖朝河のモリソン引用、その3

第三の引用は『アメリカ政治学会年報』に収められた学会報告「中国の新しい体制（The New Regime in China）」である。朝河は清国の憲法大綱発表に際して、これを日本の明治憲法を学ぶ「中国の新しい体制」と認識し、これに期待しつつ、モリソンをこう引用した（強調は引用者による）。

ロンドンタイムスの北京特派員モリソン博士は、中央政府の困難に対する同情の欠落と過度の排外主義に注目した。彼は議会の精神を「外国のものなら何でも非難するという意味で偶像崇拝的、愛国主義的だが、知的な指導と建設的政策を欠いている」と書いた。彼はまた過激な省で「到来する嵐」「近づく嵐の最初のささやき」を聞いて、中央当局が不誠実であって、不可能であると考えた。（一九〇九年一一月二三日付『タイムズ』）

朝河は論文をこう結んだ。

いかなる借款契約も、いかなる種類の協定も今後は省が外国との間で、財政大臣と外交大臣の許可なしに結ぶことはない。軍事力と警察力は、結果的になんらかの形で中央政府の管理下におかれる。新措置によりふえている財政負担を担っている各省が権力の漸次的削減を素直に黙認するのかどうか、無一文の中央政府が闘争を続けて成功するのかは、重要な問題である。より重要なのは、省の権力減少が将来の福利に与える影響の問題である。最後に、歴史的観点から見ると、新体制には議論してきたよりも旧体制から急進的に離れる措置をも含んでいる。すなわち人民に対して地方ではなく、省レベル、国家レベルの行為に参加する限定的な権利を与えたことである。天は人民を支配し教化するために、最も徳のある者を任命してきた、徳を失い、人民の尊敬を失うならば政治権力を失うと中国の旧政治哲学が教えてきたことは確かである。しかし、この理想的理論においてさえも、人民は君主による父権的保護の対象であり、政府の批判者や参加者ではなかった。いまや中国史において初めて、主権は皇帝に授けられているとしても「政府の事柄はすべて公衆の世論によって決定される」という勅令発布を不本意な支配者に課したのである。体制の直接的実際的影響がどうであれ、政府への人民の参加という解決策は、中国人の心に根を下ろしたようである。この思想と集権化、皇帝権確保との相互反応の中で、二〇世紀の最も興味深い政治現象のいくつかが生じるように見える。

朝河が信頼すべきモリソンの分析として注目したこの記事の筆者は、皮肉なことに、実はモリソンではなく、モリソンは当時イギリスに帰国中で、留守役のブランド記者の論評であった。

モリソンはこの論評が自分の見解と異なる部分を含むので、それを朝河に伝えた。すなわち一九一二年二月二一日の朝河宛て書簡で、内容は自分の分析とは異なる、と書いた。これに対して朝河は、不注意を謝罪するとともに訂正の必要を聞くが、これに対して四月二三日のモリソン書簡は、その必要なしと答えている。

実は当時、モリソンとタイムズ社外報部長チロルとの対東アジア観は、いよいよ乖離しており、モリソンとしては自らの分析とは異なる見解を朝河がモリソンのものと誤解したことについて、一言注意しておきたかったものと思われる。とはいえ、この記事だけに即していえば、訂正を要するほどに大きなものではなく、モリソンは単に historical accuracy のため、みずからの名誉のために朝河に書いたのであった。

3　往復書簡から見る交友関係

朝河とモリソンの関係を知るには、往復書簡を繙くに如くはない。筆者はその書簡を実見するため二〇一一年一一月、通称ミッチェル図書館（State Library of New South Wales Mitchell Library, Macquarie Street Sydney, NSW 2000）を訪問した。これらの往復書簡を読むことによって、朝河とモリソンとの交友関係の細部が明らかになる。

❖ポーツマス会議にて

ポーツマス講和会議に際して、朝河はメンター役でダートマス大学学長のタッカー博士らとポーツマスの講和会議場に近い、いくつかのホテルに滞在し、両国代表団の宿泊するホテル、ウェントワースにしばしばでかけた。講和会議を見守るためである。

避暑地のポーツマス周辺は、時ならぬ大混雑に見舞われ、朝河たちは、周辺の宿舎を時に移動せざるをえなかった。彼はタッカー夫妻とともに、一方で会議の行方を見守りつつ、他方で彼らしい分析を提示した。たとえば賠償金不要論などである。

モリソンは社命を受けて、一九〇五年八月四日から同月三一日まで滞在した。『タイムズ』社マネージャーのモバリー・ベルは、ポーツマスに三名を派遣することにした。モリソンには日本の立場を、ドナルド・ウォレスにはロシアの立場を取材させ、在米通信員ジョージ・スモーリーに総括とロンドンへの打電、という配置を行った。ウォレスはロシア皇帝ツァーの個人的友人にして、『タイムズ』の元外報部の責任者であり、チロルの前任者という人物だった。

ところが実際には、スモーリーがウィッテの発言などを手当たり次第に打電し、本社のチロルを困惑させる始末であった。モリソンはマネージャーのベルに宛てて、スモーリーの立場は通信員の義務から外れたものと苦情を書いた。

会議中の九月二一日『大阪朝日』のニューヨーク駐在記者福富正利《ふくとみまさとし》が「米国通信・講和余聞・怪しむべき二個の人物」の一人として「朝河某と称する者」を中傷する記事を書いた。曰く、われわれ同志の中には大いに憤慨し、彼をののしり、腕力に訴えんとまでに及びしも、いかんせん彼は日本語を一言もつかわざるを以てののしり合えば、多数の外人に内部を知られ、かえって恥となるを以て、余らは紳士の対面を保ちて、腕力には訴えざりしも両三時彼を戒めたることあり。

曰く、日本は決して償金を望まず。償金は必ず撤回すべし。しかして償金を撤回するについては国民の意見と全然反対なりとの説をなすものあるも、かかる大問題の際、国民の意志うんぬんを問うの必要なし。政府は思う通り断行すべきのみ。必ずわが政府は余の言のごとく断行すべしと。

同人は一日五ドルのホテルに宿泊して夏期を楽しむべき身分にあらず。然るに立派なるホテルに滞在し、ただ日々外人に奇怪なる日本の不利益を語るを以て能事とするは真に怪しまざるを得ざるなり(5)。

ここに書かれた内容は、朝河からすると極めて誤解に満ちたものであった。朝河は「一日五ドル」のウェントワースには宿泊しなかったし、接触したジャーナリストも限られていた。賠償問題についての朝河の主張も、文脈は誤解されていた。

この記事はまずサンフランシスコの邦字紙に掲載され、それを知った朝河は自らの名誉を守るために行動を始める。当時朝河はダートマス大学の講師になったばかりであり、またミリアムとの結婚も控えていた。アメリカ社会でようやく社会人としての生活を始めた朝河にとって、ほとんど個人攻撃ともいえる記事は看過できないものと映った。

そこで記事の中にモリソンの名があることから、モリソンに窮状を訴えるほか、福富とも直接接触し、福富の誤解は解けた。

しかしながらこの煽動的な記事は、九月五日におこった日比谷焼き討ち事件に象徴されるような日本ナショナリズムの風潮のもとで一人歩きして、その後一〇月末の『東京朝日新聞』に掲載されて、福島の郷里でゴシップ種になった。これが父・正澄の耳にも入り、アメリカの貫一に事情を問い合わせてきた。

朝河は、福富正利記者の中傷記事に反駁するモリソン宛一〇月三〇日付の書簡で、ジャーナリストに会ったのは、モリソンのほか二人にすぎないこと、『ボストン・ヘラルド』紙のインタビューに応じただけであることなど、当時の行動を細かく説明し、決して福富の中傷したような言動はなかったと強調した。

以上を含め、朝河がこの書簡でモリソンに訴えた要点は、次のごとくである。

・一九〇六年二月に、日本に一時帰国するので、その際に、できれば東京を含む極東のどこか、できれば北京で会い、モリソン文庫も見せてもらいたい。
・サンフランシスコの邦字紙に福富記者が朝河（myself）の中傷を書いた。
・私はあなた〔モリソン〕と会った他には、Noble, Kahn 氏と講和条件を話しただけだ。唯一のインタビューは *Boston Herald*, Aug. 24 である。福富の書いたような事実はない。
・朝河が、誰かの金を受け取ったとは、astonishing charge だ。
・ホテルウェントワースには、一泊もしていない。私はタッカー夫妻、Poor 博士（ダートマス大教授）とともにポーツマス近くの Inn にいたのだ。
・山座《やまざ》〔圓次郎《えんじろう》〕や他の代表団メンバーとも会っていない。早稲田同窓の埴原《はにはら》〔正直《まさなお》〕をのぞいて。高平《たかひら》〔小五郎《こごろう》〕には、通りで紹介され握手した。
・福富は、想像を真実と取り違えている。
・私は、impartial を目指す研究者であり、いかなる党派性も排する。
・モリソンに頼みたいのは、brief statement を書いてほしいこと。
・『タイムズ』紙の講和記事は、あなたの記事が少ないのが惜しい。あなたの記事だけが、多くの論点について、Interpretative Reports を与えてくれる。

・二つの小論を出版次第、送る。

❖以後の往復書簡

一九〇七年一月九日付朝河発モリソン宛書簡は、多忙を極める日本一時帰国の生活の模様を詳しく説明している。この研修を終えてアメリカに戻ると、イェール大学講師のポストが待っており、その準備が必要であるばかりでなく、イェール大学東アジア図書館および米議会図書館のために、大量の日本書籍を収集する任務を自ら志願し、その任務を課せられていたからだ。資料の調査と点検、購入交渉から発送以来まで、数人分の仕事を朝河は一人でこなしていた。朝河は終生イェール大学東アジア図書館のキュレーターの任務を全うしたが、「キュレーター朝河」は、「コレクター・モリソン」と共通の性癖で結ばれていたことが、二人の交友のもう一つの側面である。

モリソンは一九一二年二月二一日付の書簡で、朝河からすでに受け取った抜き刷り等を列挙して、これ以外のものを送ってほしいと注文している。このあたりに、モリソンのそんなコレクターぶりが浮きでている。

朝河が一九〇九年に発表した論文「中国の新しい体制」で、『タイムズ』紙の記事をモリソンの記事と誤解して引用したことについて、モリソンは同じ書簡で、historical accuracy の観点から、朝河に間違いを指摘した。これに対し、朝河は一九一二年三月二三日付の書簡で、不注意による誤解引用を詫びて、訂正の有無を問い合わせるが、モリソンから朝河宛て一九一二年四月二三日付の書簡で、「実害なし、訂正不要」と答えた経緯は、すでに述べたとおりである。

一九一七年六月二三日付の書簡は、残されている限り、モリソンが最後に朝河に宛てたものである。これはモリソン文庫を処分した一九一七年に書かれたもので、日本への売却の経過を説明した書簡として、東洋文庫に残された契約の経緯を第三者に説明した貴重な証言である。主要な部分を引いておこう（強調は引用者による）。

It gave me great pleasure indeed to receive yesterday a copy of your pamphlet. I have read it with great interest. **There must be few men living, who writing in a language other than their native tongue, write with such masterly and such profound knowledge. ……**

My own life goes on quietly. I have now three little sons, and have great domestic happiness after many stormy years of life and travel in many countries. My chief passion for the last twenty years has been, as you know, the collection of books dealing with China. Systematically I

have worked, and my collection is now, I believe, far the most comprehensive in the world.

Sometime ago to my surprise I was asked by one of the American Universities through the American Legation in Peking to give them an option on my library. It happened that I had decided to transfer if possible my library to an institution who would keep it, up to date. The offer came to me at the time that I was contemplating the sale of my library. In accordance with my promise made some years before to the Japanese Minister. I spoke of the offer to the leading Japanese in Peking and I offered to give a proper option on my library at the same price as that offered to me in America to your countrymen. I make **only two conditions apart from the price, that the Library will bear my name** and that **it will be open to serious students of all nationality** as it has been in the past. In the meantime of course I continue collecting exactly in the same way as I have done in the past, keeping the library right up to date. The catalogue in seven Volumes of 2500 typewritten pages is now being examined in Tokyo. Should no agreement be come to, I will then communicate with the American University.

ここに書かれたモリソンの遺志を尊重して、東洋文庫の通称・愛称をMorrison-Iwasaki LibraryすなわちM. I. Libraryと呼ぶよう提案したい。

まとめ

朝河貫一とジョージ・モリソンとの書信往来は、一九〇五年から一九一七年の一二年間にわたるが、残された書簡は一三通にとどまる。つとに書簡を紹介した山岡道男が指摘するように(6)、両者の関係は、表面的には一見、薄いように見える。

しかしモリソンが一九〇五年一一月九日付書簡で、朝河貫一の見解がポーツマス講和会議前後の日本人のなかで、その「判断が例外的に健全公平だ(your judgment was exceptionally sane and impartial)」と高く評価している事実に着目したい。また上に引いた書簡で、朝河の英語力と学識を評価していることにも着目したい。この評は、小稿の冒頭で塩崎の紹介を通じて指摘した『日露衝突』に対する識者の評価と共通する。

では、モリソンはなぜ朝河をこのように高く評価したのか。その評価基準は、モリソン文庫の精神に基づく、と私は解している。

モリソンは同じ書簡にいうように、「いかなる国籍の学究にも開かれた文庫」を生涯にわたって作り上げ、それを後世に残そうとしていた。当時の時点で、「世界一包括的なコレクション」を作り上げたと自負し、そのような精神を共有できる友として、モリソンは朝河貫一を評価したのではないか。

朝河は一九四二年にイェール大学名誉教授となり講義を辞してからも、イェール大学東アジア図書館キュレーターのポストは終生保持し、その職務に努力した。また米議会図書館の一角に「朝河本」として残る特有の洋装仕立ての和古書を収集した。イェール大学構内の朝河ガーデンのプレートには、**Historian, Curator, and Peace Advocate**と刻まれている。

モリソンが一部の論敵から**war-monger**と揶揄されたことは、周知の事実である。しかしながらモリソンが追求したのは、単なる戦争ではなく、東アジアの秩序ある発展であった。帝国主義戦争の時代にあって、「いかなる国籍の」者にも開かれた図書館＝情報センターを構築する思想は、諸国間の相互理解を追求する、もう一つのモリソン像を意味する。「キュレーター朝河」が**Peace Advocate**ならば、「コレクター・モリソン」もまた、その精神を共有していたと筆者は思う。

当時の朝河は、誰も書かないからやむをえず、乏しい資料のなかでモリソンを引用しつつ『日露衝突』を書き、勝利に驕る日本の行方を危惧して『日本之禍機』（実業之日本社、一九〇九年。のち講談社学術文庫）を書いた。満洲問題のその後の事態は、ますます朝河の期待を裏切り、朝河はその後、モリソンに告げたより興味のある課題 the history of Old Japan、日欧中世史研究に没頭することになる。朝河がこの転換を図りつつあったとき、オーストラリア人モリソンはイギリスで客死した。

注

（1）塩崎智『日露戦争　もう一つの戦い』（祥伝社、二〇〇六年）一三一〜一四〇頁。
（2）阿部善雄『最後の「日本人」』（岩波現代文庫、二〇〇四年）四四頁。
（3）矢吹晋『ポーツマスから消された男』（東信堂、二〇〇二年）一六六〜一六八頁。
（4）山内晴子『朝河貫一論』（早稲田大学出版部、二〇〇九年）二一四〜二二一頁。
（5）『東京朝日新聞』明治三八年一〇月三〇日。
（6）山岡道男「朝河貫一とジョージ・モリソン」（朝河貫一研究会編『甦る朝河貫一』国際文献印刷社、一九九八年、所収）六四頁。

（本稿は『モリソンパンフレットの世界』所収の拙稿「朝河貫一とG・E・モリソン」を節略、再録したものである）

奈良岡聰智

二十一ヵ条要求とモリソン

はじめに

モリソンは、一八九五年にイギリスの高級紙『タイムズ』特派員に就任して以来、一貫して東アジア国際政治と深いかかわりを持った。とりわけ義和団事変・日露戦争・辛亥革命に際して彼が見せた活躍は、ジャーナリストとしての彼の名声を不動のものとした。その経緯については、シリル・パールの評伝、ウッドハウス暎子の研究などによって、既によく知られている。(1)一方、モリソンがタイムズ社を去り、袁世凱政権の顧問となって以降の活動については、タイムズ時代に比べて研究が遅れている。この時期、モリソンの活動が停頓していたわけではない。むしろ彼は、将来のオーストラリア政界入りも視野に入れつつ、中国の発展のために、またフリーのジャーナリストとして、活発に行動していたが、その活動については未解明の点が少なくない。(2)

本稿は、このような認識のもとで、モリソンと対華二十一ヵ条要求（以下、二十一ヵ条要求と略記）のかかわりについて検討を行うものである。(3)一九一五年に日本が中国に二十一ヵ条要求を提出した際、彼は古巣のタイムズ社を含む各方面に働きかけて、欧米で反日世論を醸成したと言われている。しかし、モリソンが具体的にどのような役割を果たしたのかは、これまで十分に検証されてこなかった。本稿では、モリソンが二十一ヵ条要求をどのように捉えていたのか、彼が中国や欧米における反日世論をどのように招来したのかについて検討する。

管見の限り、彼が残した膨大な「モリソン文庫」（東洋文庫所蔵）には、二十一ヵ条要求問題に直接関係する図書や文書は収められていない。これに対して、シドニーの「モリソン文書」（ニューサウスウェールズ州立図書館［ミッチェル図書館］所蔵）には関連史料が豊富に含まれている。そこで本稿では、「モリソン文書」を主たる史料として用い、モリソンの活動をできるだけ具体的に明らかにすることに努める。(4)

本稿では、ロンドンにあるタイムズ社の文書館が所蔵する史料も用いる。二十一ヵ条要求をめぐる外交交渉が進展する間、モリソンは、外報部長のウィッカム・スティードや、北京特派員のデービッド・フレイザー、ウィリアム・ドナルドと連絡を取り、『タイムズ』の論調を中国寄りに変えようとしていた。同文書館には、このやり取りを示す一次史料が残されている。従来モリソンに関する研究は、ともすると彼の行動や内面の分析に力を注ぐあまり、その影響力を過大視する傾向があったが、本稿では、これらの史料に基づいてモリソンとその周辺のジャーナリストの関係を明らかにし、モリソンの役割をいわば相対化して捉えることを試みる。

1　モリソンと満洲問題

日本は、日露戦争でロシアが満洲に持っていた権益（遼東半島の租借権および東清鉄道南部支線の長春以南〔南満洲鉄道〕の経営権）を継承し、満洲経営を開始した。当初日本は、ロシアから継承した租借地に軍政を布いていたが、一九〇六年に関東都督府を設置し、民政に移行した。同年には南満洲鉄道株式会社（本社大連、初代社長後藤新平、以下満鉄と略記）を設立し、鉄道のみならず、都市、炭坑、製鉄所、農地などの開発を積極的に進めた。こうした積極的な経営の結果、満洲在住の日本人は激増し、日本にとって満洲は「生命線」として重要性を増していった。

日露戦後、モリソンは満洲における日本の勢力拡張に一貫して警鐘を鳴らし、日英間の提携を

奈良岡聰智

より重視する『タイムズ』外報部長のヴァレンタイン・チロルと対立した。(5)「モリソン文庫」には、モリソンの主張の根拠となったと思しき英文の各種ガイドブックが収められている。

例えば、関東都督府が発行した旅順のガイドブック、満鉄が発行した満鉄や撫順炭坑のガイドブック、ジャパン・ツーリスト・ビューロー（一九一二年に設立された観光振興団体で、観光客の誘致を通して日本の満洲進出を促進する役割を担った）が発行した大連のガイドブック、ヤマトホテル（満鉄が鉄道沿線の主要都市で経営した高級ホテル）が発行した奉天のガイドブックなどである。このうち満鉄のガイドブックの各年版を比較すると、同社の発展ぶりが顕著に分かる。一九一一年発行のパンフレットは、全三四頁の白黒印刷で、車両や沿線名所の紹介、時刻表などを収録している。これに対して、一九一五年発行のものは沿線紹介の頁が増えて、全三七頁のカラー印刷となり、一九一六年になると、五九頁に頁数が増加して内容がさらに充実している。モリソンはこうした出版物を読んで、満洲における日本の発展について詳しい知識を得ていたものと思われる。

同文庫には、日露戦後の満洲に関する英文論文もいくつか収められている。日本人執筆のものとしては、河上清「今日の満洲」（『ザ・パシフィック・マンスリー』）、朝河貫一「満洲に関する協約」（『イェール・レビュー』）、家永豊吉「南満洲における日本」（『ザ・ジャーナル・オブ・レース・ディベロップメント』）がある。いずれも日本の満洲政策を対外的に説明することを目的とした論文であり、日本語が読めなかったモリソンにとって、日本の立場を理解する上で有用なものであった。

欧米人の論文としては、ジョージ・ショー『条約港安東についての覚書』、トーマス・ミラード「満洲における『門戸開放』」（『スクリブナーズ・マガジン』）、パットナム・ウィール「満洲問題の一つの解決策」（『ナショナル・レビュー』）などがあり、モリソンが英米のジャーナリストたちの論説によく目を通していたことが窺われる。

二十一ヵ条要求は、後述するように、満洲権益の租借期限延長を中国に認めさせることを動機として提出されたものであるが、モリソンが要求提出後直ちにその意味や背景を理解できたのは、このように日頃から怠りなく情報収集を行っていたからである。「モリソン文庫」の史料からは、その一端を垣間見ることができる。

2　『タイムズ』の東アジア報道体制

次いで、二十一ヵ条要求提出当時における『タイムズ』の東アジア報道体制について見ておこう。モリソンは、一九一二年九月末に『タイムズ』特派員を辞任した。退社の直接のきっかけとなったのは、安い給与、昇進の望みのない不安定な地位といった処遇への不満と、秘書ジェニーとの結婚であったが、同社の社論への不満、中華民国の発展を支援したいという情熱、さらには将来的に故国オーストラリアの政界入りを目指す野心なども、彼の決断を後押ししたものと考えられる。彼は、退社後も引き続き中国にとどまり、フリーのジャーナリストとして活動しつつ、政治顧問として袁世凱に助言を与える立場になった。もっとも袁世凱は、モリソンのことを十分に信用せず、機密情報を与えなかったため、彼が顧問として力を振るう場面はそれほど多くなかったようである。翌年七月には、オーストラリアの週刊誌上に、モリソンが『タイムズ』特派員だったときの威信は今の二倍、影響力は三倍だった」ことを指摘する記事が掲載されたほどであった。

モリソンの後任の北京特派員に就任したのは、フレイザーであった。フレイザーはスコットランド出身で、一九〇四年に『タイムズ』特派員に採用され、日露戦争報道に関わった。その後、同紙の天津や南京の特派員、『ペキン・アンド・テンシン・タイムズ』（天津のイギリス人居留民向けに発行されていた英字週刊紙）の編集長を経て、一九一二年六月に『タイムズ』北京特派員に転じた。フレイザーの北京着任前、モリソンは彼の仕事ぶりを高く評価していた。

モリソンの退社当時、『タイムズ』外報部長のポストは空席であったが（一九一二年二月にチロルが引退していた）、一九一四年一月にウィーン特派員のスティードが後任の外報部長に就任した。

スティードも元来モリソンと親しく、チロルや幹部に対する不満をしばしば書簡で伝え合う仲であった。モリソンが退社した時、スティードは「新聞とわたしは残念、貴兄と中国にとっては幸運」と記した電報を送っている。

日露戦後の『タイムズ』では、東京特派員のフランシス・ブリンクリーが送った情報と、北京特派員のモリソンが送った情報を、ロンドンのチロル外報部長が取捨選択し、イギリス外務省や他の幹部の意見も踏まえながら、東アジア報道が行われていた。(6) しかし、一九一二年にチロルとモリソンが退任、ブリンクリーが死去したため、同社の東アジア報道体制はしばらく流動的な状況が続いた。同年にチャールズ・ハーグローブが東京、フレイザーが北京に着任したものの、ハーグローブは社主であるノースクリフ卿と対立して一九一四年四月に退社し、同月に後任となったジョン・ペンリントンは本社からすぐに信頼を得るには至らなかった。

こうした中で、モリソンは新中国の建設を支援するため、古巣『タイムズ』にも種々働きかけを行ったが、同紙が従来の日英同盟を重視する路線を変えなかったため、その東アジア報道に不満を募らせていった。スティード、フレイザーとの仲も疎遠になっていったようである。とりわけフレイザーについては、彼の高い能力を評価しつつも、一九一三年末には「敵」と認識するまでになり、一九一五年には「ひひの顔をした大間抜け」と酷評している。一方のフレイザーも、気難しく、あまりに中国寄りのモリソンに辟易するようになり、一九一五年一月に『タイムズ』主筆のジェフリー・ドーソンに宛てた手紙の中で、モリソンのことを「変わり者の年老いたクズ」と表現している。

一九一四年七月二八日、第一次世界大戦が勃発した。この時、フレイザーは休暇でイギリスに帰国しており、北京特派員は一時的に空席になっていたが、一一月からドナルドが代役を務めることになった。ドナルドは、モリソンと同様、オーストラリア出身のジャーナリストで、中国寄りの姿勢が顕著であった。アメリカの日刊紙『ニューヨーク・ヘラルド』特派員などを経て、この当時は上海で発行されていた英字月刊誌『ファー・イースタン・レビュー』の編集者などを務めていた。(7) この時ドナルドが『タイムズ』の北京特派員を務めたのは、わずか半年ほど(一九一四年一一月~一九一五年三月)であったが、この間に二十一ヵ条要求が提出され、彼はその報道で大きな役割を果たすことになる。

大戦勃発後、フレイザーは北欧・シベリア経由で東アジアに向かい、一九一五年一月に北京に到着した。彼は同月一三日までにドナルドと仕事の割り振りを行い、東京に向かった。着任後日が浅く、重要な仕事を任せられない東京特派員のペンリントンに代わって、日本で取材を行うためであった。フレイザーは三月上旬に北京に帰任したが、この間に二十一ヵ条要求が提出されたため、ドナルドと連絡を取りながら、ロンドンに報告を行った。事実上北京と東京の特派員を兼任していたフレイザーは、加藤高明《かとうたかあき》外相と単独会見を行うなど、ドナルドと並んで、二十一ヵ条要求問題の報道で重要な役割を果たす。

このように、二十一ヵ条要求が提出された時、『タイムズ』社内でその報道に直接かかわったのは、フレイザー、ドナルド、スティードであった。モリソンは、既に退社していたものの、彼らに働きかけることで、同紙の報道に影響を及ぼし得る立場にいた。それではモリソンは、実際にどのような影響を与えたのであろうか。以下では、まず二十一ヵ条要求の内容について概観した上で、その報道の実態について検討していこう。

3　二十一ヵ条要求とは何か

日本は一九一四年八月二三日にドイツに宣戦布告を発した後、一〇月に赤道以北のドイツ領南洋諸島を占領し、一一月には青島を陥落させた。第一次世界大戦の勃発前、日本外交にとって最大の懸案の一つは、日露戦争で獲得した満洲権益の租借期限延長を実現することであった（日本は同戦争で旅順・大連の租借権と南満洲鉄道の経営権を獲得していたが、それらは最も早いもので一九二三年に期限を迎えることになっていた)。加藤外相は、ドイツから獲得した山東半島の旧ドイツ権益を返還することと引き換えに、中国に満洲権益の租借期限延長を認めさせたいと考え、参戦と同時に準備を開始した。しかし、日本国内では青島返還への反対論が根強かった。また、欧米列強の目がヨーロッパに注がれている間に、中国での権益を一挙に拡大することを求める声も多く、外務省には様々な権益拡張要求案が持ち込まれた。加藤及び外務省は、各方面からの強硬な申し入れを拒絶することができず、一二月三日に二十一ヵ条から成る対中要求事項をまとめた後、翌年一月一八日に袁世凱にそれらを提出した。

こうして作成された二十一ヵ条要求は、内容に従って、第一号から五号に分類されていた。要求は、以下の五号二十一ヵ条から成っていた。

第一号　山東省内のドイツ権益の継承
第二号　日本が南満洲・東部内蒙古に持つ権益の拡大
第三号　漢冶萍公司の日中共同経営
第四号　中国沿岸部の外国への不割譲（以上、要求事項）
第五号　中国政府に日本人の政治・財政・軍事顧問を置くこと、日中警察の一部合同など

（希望条項）

このうち、第一号から第四号までは、かなりの程度外務省の意向に基づいて策定されたものであったが、第五号に含まれた七項目は、陸軍などの強い主張に従って挿入されたものであり、元来陸軍と対立し、中国での勢力拡大に批判的であった加藤外相や外務省の意に沿わないものであった。そのため加藤は、中国に対して、これらは「希望条項」に過ぎないとし、第一号から第四号までの「要求事項」と区別した。また加藤は、要求を中国に提出した後、イギリス、ロシア、フランス、アメリカに日本の要求内容を内示したが、これら四ヵ国には第一～第四号の十四ヵ条のみを内示し、第五号の存在は秘匿した。加藤は、第五号が強い反発を招くことが必至だったため、欧米にはその存在を隠し、日中両国だけで早期に交渉を決着させようとしていたのである。

清朝末期であれば、交渉は加藤外相の目論見通りに進んだ可能性もある。しかし、辛亥革命を経て、ナショナリズムが高揚していた中国は、この要求に強く抵抗した。要求を受け取った袁世凱は、すぐさま国内外のジャーナリストに要求内容をリークし、反日世論を醸成した。そのため中国では、一月末までに、日本の要求が二十一ヵ条から成るという事実が漏れ、日本批判が活発に展開された。二十一ヵ条要求という呼称は、この後こうした報道が繰り返される中で定着していったものである。中国政府のリークにより、アメリカの新聞でも一月末までに、日本が二十一ヵ条もの要求を中国に強要しているという報道がなされた。日本側がこれに積極的に反論を行わないうちに、誤報を含む様々な報道が続き、日本は中国で大々的な権益拡張を図っているという「噂」が世界中に拡散していくことになる。

4　二十一ヵ条要求の提出

二十一ヵ条要求の報道が拡大する過程で、モリソンはどのような役割を果たしたのであろうか。彼は一月二〇日に袁世凱と会見し、満洲問題や日英関係について話し合っているが、二日前に提出された二十一ヵ条要求については、何も相談を受けていない。おそらく袁世凱は、日英両政府に近い『タイムズ』に情報が漏れ、中国に不利な報道が行われるのを懸念して、当面モリソンに同要求について伝達するのを控えたのだと推測される。袁世凱政権は、一月二三日頃までに、アメリカの駐華公使ポール・ラインシュ、AP通信社特派員フレデリック・ムーア、イギリスの『デイリー・テレグラフ』特派員ウィール、日本の『東京朝日新聞』特派員の神田正雄《かんだまさお》らに対して、日本の要求についての基本的情報をリークした。これに基づき、日本では二三日、中国では二五日から、日中交渉開始に関する報道が大々的に始まった。要求提出直後に中国側から情報を知らされたのは、いずれも袁世凱政権との関係が深い者であったが、モリソンは政治顧問でありながらその一員から除外されていたことになる。

一月二八日、袁世凱の側近で、モリソンとの連絡役を務めていた蔡廷幹《さいていかん》（総統府礼官、元海軍中将、アメリカ留学経験者）から一通の書簡がモリソンのもとに届いた。同書簡には、日本の要求に関して、「要求中の条件が連日どんどんリークされている。貴国の同盟者（日本人）は、英米が何も知らないことを切望している」と簡潔に記されていた。蔡廷幹は、ドイツが日本の中国での自由行動を黙認する代わりに、日本にヨーロッパ戦線に参加しないことを約束させたという観測も記している。

モリソンは同日にすぐさま返信を送り、時局の見通しに関する覚書を同封した。モリソンはその冒頭で、様々な情報のリークが行われているが、「自分は市井の人と変わらないほど全く無知なので、どれが真実なのかは分からない」としつつ、蔡廷幹が指摘した日独提携の可能性については明確に否定した。モリソンの見るところ、「今ほどイギリスと日本の関係が緊密な時はかつてなかった」。「この問題について私は何も知らないが、イギリス政府が日本の覚書（対中要求）の内容と対中政策の意図について完全に情報を得ているのは間違いない」というのがモリソンの見方であり、彼は、「「極東の平和維持のため中国の領土を保全することに立脚した」日英同盟の政策から日本が離脱する意図がないことに、イギリス政府は満足している」と推測した。

それゆえモリソンは、「日本の覚書〔対中要求〕に含まれる正確な条項をメディアに報道させる方が賢明だ」と蔡廷幹に勧めた。モリソンは、目下のところ欧米の特派員は中国に好意的な記事を本国に送っているが、それらはあくまで噂に基づいたものであり、これを放置しておくのは中国にとってかえって危険であると観測していた。日本がイギリスおよびロシアと完全に意思疎通を行っているという前提に立ち、それに対抗するためには、中国政府が思い切って日本の要求全文を公開すべきだというのが、モリソンの見立てであった。結果的に、日本と英露が提携しているという見立ては間違っていたわけであるが、この覚書は、日本がイギリスの了解のもとで、従来の対中政策の枠から踏み外さない範囲で対中要求を提出したとモリソンが観測していたことを示しており、非常に興味深い。

ちなみに、蔡廷幹はこの書簡にすぐに返信し、イギリス公使館が不平を漏らしていたので、イギリスは日本から要求の全内容を知らせてもらっていないと思っていたが、真相が分かって嬉しい、自分も貴兄と同様、「市井の人」と同じで要求の全貌は分からない、などと応じている。蔡廷幹の動きが、どの程度袁世凱の指示に基づいたものだったのかは分からない。しかし、以後の行動を見る限り、蔡廷幹は袁世凱の意向を踏まえ、日本やイギリスの動きを確かめるために、敢えてモリソンに詳しい情報を流さないまま、探りを入れたと見るのが妥当のように思われる。

その後モリソンは積極的に情報収集を進め、次第に状況を把握していった。一月二九日、ジョン・ジョーダン駐華イギリス公使がモリソンのもとを訪ねて来た。ジョーダンもまだ何も情報を入手できていなかった。モリソンは、「かれも世間一般の人間以上のことは知らない」「かれは引っ込み思案なこともあって、日本に対してまったく影響力がなく、交流もほとんどないようだ」「かれは哀れなまでに震えていた」と酷評したが、この会談によって、日英両公使の間で意思疎通が行われていないらしいことを把握した。

「モリソン文書」には、前述した一月二八日付の覚書以外にも、モリソンが二月四日（彼が日本の要求が二十一ヵ条から成ることを突き止めた日）までの間に作成したと推定される、日本の対中要求に関する覚書が二点収められている。一点目は、日付の記載がない無題の覚書で、情報源など詳しいことは分からないが、モリソンが日本の要求内容を知るため、各方面に取材を重ねていたことを窺わせるものである。この覚書の冒頭には、日置益《ひおきえき》公使が一月一八日午後に袁世凱を訪問して、多くの要求を含む覚書を手交し、受諾を迫ったこと、外交部次長の曹汝霖《そうじょりん》のみが同席したことが記されている。回答期限は設定されていなかったが、もし受諾しなかった場合、中国側の非友好の証と見なす旨が記されていたとされている。モリソンが本覚書に記した日本の要求は、以下の四点であった。

一、満洲における諸規約の再調整と日本の行政権の承認。
二、東部内蒙古における包括的な鉄道および鉱山の権利〔の獲得〕。
三、龍口・威海衛間の鉄道建設を含む、黄河以東の山東省における包括的な鉄道および鉱山の権利〔の獲得〕。威海衛の獲得も秘密裡に主張されている。
四、揚子江流域（湖南、江西、安徽）における鉄道および鉱山の権利に対する深刻な侵害。

一、二は第二号、三は第一号、四は第五号五をもとにした情報だと思われるが、いずれも実際の要求とは少し異なっている。また、第三号から第五号までに相当する要求は含まれていない。ただし、内容は異なるものの、三には日本から秘密の要求も出されているとされており、第五号の「希望条項」に関する噂が既に流布していたことが分かる。覚書の最後には、「袁世凱は中国の領土や主権を侵す要求は一瞬たりとも検討できないと回答するだろう」「日本人は最大限の秘匿を求めており、はっきりしないものの、この要求がイギリス人に知られないことが彼らの希望であると思われる」というモリソンの推測も記されている。総じて、二八日に蔡廷幹に送付された覚書に比べ、モリソンがより正確な情報を得て、日本に対する不信感を強めていたと言えそうである。

二点目は、二月二日に作成された「日本の対中要求」と題された覚書である。この覚書には、「確かな情報源」に基づくものとして、以下のとおり日本の要求内容が列挙されている。

一、南満洲：旅順および大連の租借権を、一九一五年を起点として九十九ヵ年延長することなど五項目。

二、東蒙古：中国は内蒙古を日本の排他的勢力圏として明確に承認すること。

三、山東：膠州・天津間の鉄道など、ドイツが持つ鉄道や産業の権益を日本に無条件で引き渡すことなど二項目。

四、福建：中国は福建を日本の排他的勢力圏として明確に承認することなど三項目。

五、一般的条項：中国の陸海軍は日本の指導下に入ること、中国の財政・教育・通信部門に日本人顧問を任命すること、他の外国語が教えられている中国の学校で日本語を教えること、盛宣懐《せいせんかい》による昨年の漢冶萍公司の借入金の解決など八項目。

実際の要求と内容や数（全部で十九ヵ条）は少々異なるものの、一点目の覚書よりも正確で、第五号の内容も含まれていることが注目される。モリソンは、「日本の要求によって、イギリスその他の外国の権益がいかに影響を受けるかが分かる」とし、日中交渉が中国の領土保全に抵触せず、外国権益にも影響を与えないとしているロイター通信や国際通信社の報道が、中国の新聞から批判されているのも当然であると考えた。中国政府については、政治家たちは意気消沈しているが、英米が自分たちの死活的利益を理由として何らかの発言や行動を行うことを待ち望んでいる、日本政府については、「このような攻撃的行動を取った理由は、日中の提携関係を強化し、東アジアにおける平和を維持することにある」という観測を記している。モリソンが、日本の要求内容をより正確に把握するにつれ、中国側の立場に立って、日本への対抗策を練るようになっていた様子が窺われる。

この間、『タイムズ』北京特派員のドナルドも、周自斉《しゅうじせい》財政総長（元キューバ総領事、アメリカ留学経験者）、アメリカのラインシュ公使、ＡＰ通信社特派員ムーア、『シカゴ・デイリー・ニュース』特派員ウィリアム・ジャイルズらと頻繁に接触し、日本の対中要求の概要を摑んでいた。ドナルドの伝記によれば、ラインシュ、ムーアやジャイルズが本国に送付した情報は、もともとドナルドが入手したものが少なくなかったようである。この後アメリカでは、二月一一日にムーアが送信した記事を掲載するかどうかでAP通信社内に対立が生じ、最終的に彼が退社したり、ジャイルズの電報をもとに、『シカゴ・デイリー・ニュース』が二十一ヵ条要求に関していち早くスクープを放つといった波紋が生じることになるが、いずれもドナルドが収集した情報が引き金になったのだという。

日本が二十一ヵ条要求を提出した時、もう一人の『タイムズ』特派員フレイザーは、北京から東京に向かう船の上にいた。フレイザーは東京に到着すると、イギリスのコニンガム・グリーン駐日大使と面会した。フレイザーは、二月三日にスティード外報部長に送った書簡の中で、グリーンが「イギリスは日本の要求を全て支持している」と語ったと記しており、この時点では、日本の要求内容も、日本がイギリスに秘匿している要求があることも察知していなかった。もっとも、彼も新聞を通して様々な噂を耳にしていたようで、グリーンの真意を完全には摑めなかったことから、「本日大使からもっと情報を得たいと思う」と書き加えている。

5 『タイムズ』の報道をめぐるせめぎ合い

二月四日、モリソンは蔡廷幹を訪問し、日本の要求内容をごく内密に知らされた。モリソンは、要求全文を入手することはできなかったが、要求が全部で二十一ヵ条から成ることを初めて知った。当日のモリソンの日記には、要求の概要と共に「二十一ヵ条」と記され、その下に傍線が引かれており、衝撃のほどが窺える。モリソンは翌日には袁世凱に呼び出され、要求が提出された時の様子や会議の進行状況などについても知らされた。彼はさっそく六日にジョーダン公使のもとを訪れ、日本の要求が二十一ヵ条から成り立っていることを知らせた。この情報は、同日のうちにジョーダンからグレイ外相に報告されている。その後もモリソンは、二月二日から始まった日中交渉の様子や袁世凱と在外公使のやり取りについて情報を集め、日本から中国に帰任した小田切万寿之助（横浜正金銀行清国支店出張所監理）と会見を行うなど、精力的に活動を続けた。

ドナルドも、この頃までに日本の要求が非常に広汎であることを把握しており、七日にフレイザーおよびスティードに長文の電報を送って、第一号から第五号までの内容を報知した（ただし、ドナルドもまだ要求全文は入手していなかった）。これを見たフレイザーが翌日に加藤外相を訪問したところ、加藤は第五号の存在を明かし、それは軍の強い要望によって作成されたものだと釈明した。フレイザーはこのやり取りを直ちにグリーン大使に伝えた。グリーンは九日に加藤を訪問し、強く抗議するとともに、一連の経緯をグレイ外相に報告した。

二月一〇日、ドナルドはタイムズ本社に三一八字からなる長文の電報を送った。電報が現存しないため、詳しい内容は分からないが、彼と連絡を取り合っていたモリソンが蔡廷幹に説明したところによれば、この電報はドナルドがそれまでに送った電報の中で最長であったという。ドナルドは、中国政府が要求全文を明らかにすることをまだ拒んでいるとしつつ、自分の送信している情報は信頼に足るものだと確約した。モリソンの見るところ、同様の内容は『ノース・チャイナ・デイリー・ニュース』やAP通信にも送られており、「今や信頼できる人々の間では、日本の要求の性質や範囲に関して明確な理解が行き渡っている」という状況であった。

しかし、ロンドンのスティードは、「日本を怒らせないことが得策」と考え、情報源が不確かだと感じられる部分を削除して記事にした。後にスティードはドナルドに対し、電報の内容を疑ったわけではないが、イギリス外務省や日本大使が否定し、他に頼るべき情報がなかったため、やむを得ずこのような措置を取ったのだと釈明している。すなわち『タイムズ』は、スティードの指導のもとで一二日に、「二月一一日、北京、本社特派員より」として、「要求の概要」と題した記事を掲載した。同記事は、日本が中国に要求していると報じられている権益として、中国沿岸部、東蒙古、南満洲、山東、福建、揚子江流域の権益に分けて具体的に列挙したが、第五号に含まれていた様々な要求については触れていなかった。またこの記事の末尾には、「我々は日本の対中要求は先月イギリス政府に伝達され、ロシア、フランス、アメリカ政府にも通知されているものと承知している」「日本の要求の詳細で正確な説明が判明するまで、その範囲や性質に対する判断は保留しなければならない」とも注記され、日本に対する配慮が示されていた。

興味深いことに、この日の『タイムズ』には、「二月一〇日、東京、本社特派員より」として、「中国に対する要求：日本が求めている権益、行動の動機」と題されたもう一つの記事も掲載されている。この記事は、前述のドナルド電報に基づいた記事に比べて、明らかに日本に好意的な内容であった。同記事の冒頭では、日本の対中要求を「鉄道権益、鉱山権益、産業面での機会、その他中国における日本の立場を強化することを意図した事項」と簡潔に紹介した後、「中国が秘密を保っているため、多くの空想的な要求が話題に上っているが、ドイツの工作によって重大性が誇張されているのは間違いない」としていた。また、それが中国の領土保全を侵害することはないにもかかわらず、中国は弱体で治外法権のもとにあるがゆえに、恐怖を覚えているのだと論じた。記事は、イギリスの権益は影響を免れないが、日本との協力関係や、同要求が中国における機会均等を損なわないことなどを考慮すれば、日本の中国に対する「十分に合理的な野心」を邪魔立てするのは賢明ではないと結ばれていた。

この記事のもとになった電報も残念ながら現存しないが、モリソンも推測しているように、情報源は明らかにフレイザーの電報である。フレイザーがロンドンに打電した正確な日付ははっきりしないが、八日に加藤と会談した後である可能性が高い。だとすれば、彼は加藤に日本の要求内容を直接確かめた上で、なお日本に同情的な記事を書いたことになる。彼が加藤や日本にその後もしばらく同情的だったことは、フレイザーが二月二三日にスティードに送った書簡からも確かめられる。彼はこの書簡の中で、自らの考えを以下のように述べている。

日本の中国への進出が我々の前途に悪影響を及ぼすのが避けられないとしても、我々が日本人の特別な友人であるという事実や、我々は日本人や日本の安寧以外は何も望んでいないという事実を、私は見失いたくありません。私は加藤に次のように伝えました。イギリス人の立場に立つ限り、あなたはそのために常に批判を受けるでしょうが、私個人に関する限りは、日本の中国に対する発展の要求を完全に認めているし、私が合理的だと認める範囲内において、日本のことを支援するつもりですと。

二つの記事が同時に掲載されているのを見たモリソンは、「正確な」ドナルド電報の重要部分が削除され、「誤解を招く」フレイザーの電報に基づいた報道がなされたと嘆じた。彼は、二月一五日にジョーダン公使に送った書簡の中で、次のように感想を漏らしている。

それゆえ〔イギリスの国益が損なわれるので〕『タイムズ』が誤った情報に踊らされたのが残念です。何も報じない方がましだったのですが、デービッド・フレイザーが日本人に言われたことを東京から打電し、『タイムズ』がこれをそのまま受け入れてしまったのだろうと思います。ドナルドがイギリスに打電した、より正確な情報と矛盾しているというのに。

二月一三日、『タイムズ』は社説「日本の中国に対する要求」を掲げ、日本の要求は中国の「領土保全」「門戸開放」原則に抵触するものではないと再論した。日本の意図を正面から擁護する内容は、中国国内で激しい反発を呼び起こした。モリソンやジョーダン公使も、この記事に批判的な目を向けた。これに対して日本の新聞各紙は、この社説を日本の要求の正当性を喧伝し、中国側を批判する材料として利用した。モリソンによれば、日置公使は日中交渉の席上で、『タイムズ』の記事を「イギリス政府が日本の要求を合理的で既得権と両立すると考えている証拠」として示したという。このように『タイムズ』の報道は、日中英三ヵ国で大きな反響を呼んだ。

これを見た袁世凱は、日英に対抗するため、一五日に蔡廷幹を通してモリソンに二十一ヵ条要求全文の翻訳を渡した。のちにモリソンは、イギリス人の友人に宛てた書簡の中で、「今まで当地でこれほど恥ずべき、卑劣な外交上の事件はなかった」と憤慨を露わにしている。彼は、二十一ヵ条要求の原文を写真に撮って列強に送付することさえ中国側に提案していた。さすがにこれは実行されなかったものの、彼は同日すぐに日本の要求内容をジョーダン公使に伝え、ジョーダンも一六日、一八日にその内容をグレイ外相に報告した。一五日にジョーダンに送った書簡の中で、モリソンは次のように真意を述べている。


『タイムズ』は〔一日の〕社説の中で、日本から出された要求は合理的で、中国が受け入れ可能なものであるという見解を表明したと理解しています。これによって、日本の要求は無害で、中国における門戸開放や機会均等に関する約束に抵触しないという日本政府の主張を『タイムズ』が受け入れたのだと判断します。

このような文章が出されたので、私は日本の〔要求を記した〕覚書の全文を綿密に翻訳したものを、あなたに内密にお送りいたします。万が一この要求が受諾されれば、イギリスは揚子江流域、南満洲、東蒙古、山東および福建のあらゆる鉱山事業から永久に締め出されてしまうでしょう。

イギリスは長年、舟山群島に拠点を獲得することを主張してきました。もし要求が受け入れられれば、これも不可能になるでしょう。山東はイングランドとウェールズを合わせた面積があり、人口もほぼ同数です。我々は長年この地域に排他的権益を持つドイツと戦ってきましたが、今やそれらは日本に移転されるのです。もしその要求が合意されれば、東アジアの全体状況が大きく変わってしまいます。

二月一五日には、ドナルドもタイムズ本社に電報を送っている。この電報は現存していないが、翌日にモリソンが蔡廷幹に送った書簡によると、一〇日の電報よりさらに長い三八〇字に及ぶもので、AP通信にも同内容のものが送られたという。モリソンはこの書簡に「真実を知らせるために、ドナルドは最も完全で正確なメッセージをイギリスに送ったが、これによって『タイムズ』は自分たちが騙されていたことに気付くと確信している」と書き記している。

実はドナルドが入手した要求全文は、モリソンが提供したものであった。ドナルドの伝記によれば、彼は周自斉に要求全文の提供を求めたものの、断られたため、モリソン宅を訪れ、文書を入手したいという希望を伝えたという。モリソンは「危険な仕事だ」と呟いたものの、書斎から文書を取り出して机に置いたまま外出し、その間にドナルドにその文書を持ち出させた。文書は既にモリソンによって翻訳されており、一読して直ちにその文書が本物であることを確信したドナルドは、さっそくスティードに電報を送り、ラインシュ、ジョーダンにも同内容を知らせた。

ラインシュはドナルドの手を握り締め、「君はすばらしい同志だ」と言って喜んだという。

モリソンは、一七日にスティードにも長文の書簡を送っている。彼は冒頭で、『タイムズ』の記事や社説が執筆された時、日本の要求全文はまだロンドンに届いていなかったのだろうとした上で、「この手紙があなたのもとに届く頃には、要求全文を公表する必要が生じているかもしれない。その必要がないとしても、内々にあなたの手引きとなるよう、一月一八日に大総統〔袁世凱〕に手交された覚書の翻訳をお送りします」と記した。

続けてモリソンは、日本が中国に提出した要求を意図的にイギリスに秘匿したこと、日本の要求が中国によって「意図的に誇張」されてなどいないこと、日本は中国に二十一ヵ条から成る要求を一括して交渉するのを求めていることなど、彼が突き止めた事実を説明した。そして、第四号〔福建省の他国への不割譲〕がイギリスによる舟山群島の獲得を阻止することを意図していること、その内容が一九〇四年二月に締結された日韓議定書第三条〔韓国の領土保全〕と類似していることを指摘し、このままでは将来中国が韓国と同様の運命を辿りかねないと警鐘を発した。彼はその後、中国における英字新聞やロイター通信の動きについて紹介した後、「私は『タイムズ』を熱心に読んでいます。すばらしい仕事をしていると思います」という文章で書簡を締めくくっている。

この書簡を送った後、「シベリア経由」というスタンプを封筒に押さなかったため、スエズ経由で送られて到着が遅れるのを心配したモリソンは、念入りなことに、一七日付書簡の写しを同封して、二四日にも改めてスティードに手紙を送っている。モリソンは、第四号の問題点を再度強調するなどした後、「あなたにご迷惑をおかけして申し訳ないですが、正しいことに、中国人は『タイムズ』の記事、とりわけ社説を非常に重視しているので、どうか私の説明に反対しないで下さい」と念を押している。また、ドナルドが中国人から信頼され、イギリス公使館とも中国人とも意思疎通を円滑に行っていることを称賛し、彼を手助けするため、これまで文書を渡してきたことも明かした。このようにモリソンは、『タイムズ』の論調を変えるため、全力で働きかけを行ったのであった。

こうして日本が秘匿していた第五号「希望条項」の存在は、同盟国イギリスの知るところとなった。二十一ヵ条要求の正確な内容は、やがてアメリカ、ロシア、フランスにも知られ、日本は各方面への釈明に追われた。二月二二日には、イギリスの権益への配慮と日英同盟の目的の遵守を求めるグレイ外相のメッセージが、加藤外相に伝達された。以後日本は、中国の強い抵抗と列強の監視の中で交渉を進めざるを得なくなり、交渉は難航した。日本の早期交渉妥結の意図を挫き、日中交渉の流れを変えるきっかけを作ったという意味で、モリソンが果たした役割はきわめて大きかったと言える。

6　日中交渉の妥結

三月以降、『タイムズ』では日本の中国進出や日英対立を懸念する記事が増えていった。その原因は、イギリスを含め、世界的に二十一ヵ条要求を批判する声が高まっていたことにあったが、三月に北京に戻ったフレイザーが、日本に批判的な姿勢に転じたことも影響していた。四月一九日頃に日置公使と会談したフレイザーは、中国南部の鉄道問題（第五号五）を問題視して、日本政府を批判した。日置の見るところ、フレイザーは加藤に欺かれたと言って後悔している様子で、加藤のことを「不誠実な紳士」「言うことは全く信用できない」と酷評していた。三月にドナルドが特派員の任を解かれたため、四〜五月に掲載された『タイムズ』の日中交渉関係の記事の大半は、フレイザーの電報に基づいていると推定される。ちなみにドナルドは、日中交渉の最終段階で中国外交部に助力した後、『ファー・イースタン・レビュー』紙に復帰する。彼は後に張学良、蔣介石の顧問を務め、モリソンと似た経歴を歩むことになる。

このように、モリソンの積極的な働きかけによって『タイムズ』の論調に変化が生じたものの、その変化は、彼が期待したほど大きなものではなかった。スティードは、一連の経緯で日本にかなりの不信感を抱いたが、二月にガリポリの戦いが始まるなど、大戦が長期化・拡大の様相を呈する中で、引き続き日本を連合国の一員としてつなぎとめておく必要を感じていた。そこで彼は、『マンチェスター・ガーディアン』などが展開する日本批判と一線を画し、『タイムズ』の社説では日中交渉問題を扱わないことにした。同紙は、日中交渉が妥結した後ようやくこの問題に関する社説「極東における妥協」を掲げたが、その内容は、交渉の妥結を歓迎し、同盟国日本への期待感と信頼を示すものであった。

一方モリソンは、三月以降『タイムズ』に対して直接的働きかけは行わなかったようであるが、引き続き情報収集を行い、日中交渉の行方を見守った。蔡廷幹が一九〇五年の北京条約（日清善後条約）以降の日中関係についてまとめた覚書を提供し、モリソンが二月上旬の『タイムズ』の報道の内幕を書簡で知らせるなど、両者は引き続き定期的に連絡を取り合った。モリソンは四月九日付の蔡廷幹宛書簡で、顧問契約の延長の希望を伝えているが、日本の要求をリークした際のモリソンの役割が評価されたのであろう、五月一日には袁世凱から「現契約が終了したら、さらに五年間契約を延長する」旨の回答が伝達されている。モリソンは、五月九日に中国が日本の最後通牒を受諾した後も、日本に対抗するため、中国政府ができるだけ早く声明を発表すべきだという助言を蔡廷幹に対して送っている。

二十一ヵ条要求の提出以降、モリソンのもとには、中国人や中国に関心を持つ欧米人から、日本の要求の不当性を訴える書簡や意見書が送付されてきた。「モリソン文書」には、モリソンが中国海関のイギリス人職員ハリス、香港上海銀行北京支店長のヒリアー、メルボルンの日刊紙『ザ・エイジ』の記者トーマス・ノックスなどと交わした書簡が残されている。彼らはいずれも、書簡の中で日本の要求を批判しており、モリソンも彼らと同様、日本の攻勢を批判的に見ていたものと思われる。

もっともモリソンは、政治顧問でありながら袁世凱から直接の相談がほとんどなく、イギリス、中国の外交官やジャーナリストもめったに自分を訪ねてこないことに、強い不満を覚えていた。また、進展中の日中交渉に関する生の情報がなかなか入ってこないことにも、忸怩たる思いを抱いていた。おそらく中国外交や自らの現状に対する幻滅も作用していたのであろう、日中交渉の最終段階において、モリソンは対日強硬論を唱えておらず、むしろ交渉が妥結することへの期待を表明していた。

例えばモリソンは、三月四日に北京のジャーナリスト陳友仁《ちんゆうじん》（英中両文の新聞『京報』の発行者）に書簡を送り、ニューヨークのジャパン・ソサエティー議長で、二十一ヵ条要求を擁護しているリンゼイ・ラッセルへの個人攻撃を止めるよう勧告した。モリソンは、名士であるラッセルのような人物を攻撃すればかえって日本を利することになり、目下日中交渉が順調に進んでいる以上、感情的な批判は慎むべきだという考えを伝えている。

三月二日付の蔡廷幹宛書簡の中では、同様の観点から、ウィールのことも批判している。ウィールは長年中国で活動し、多数の著書も発表していたイギリス人ジャーナリストで、当時は『デイリー・テレグラフ』の特派員を務めていた。モリソンの見るところ、ウィールはそれまで二年間、同紙や『パル・メル・ガゼット』で袁世凱のことを激しく攻撃しておきながら、今やその態度を一変させ、中国を支援する記事を書いていた。モリソンは、そのようなやり方は中国のためにならないとし、「傲岸、高慢、日本は要求を放棄せざるを得なくなるはずだと主張する意見は、深刻な反応を生み出し、将来中国に困難をもたらすだろう」と指摘している。モリソンは、三月三〇日に顧維鈞《こいきん》に送った書簡でも、「満洲に関する交渉が順調に進むことを期待しています」と記している。

五月二五日、日本と中国の間で二つの条約と一三の交換公文が締結され、二十一ヵ条要求をめぐる外交交渉はようやく終わりを迎えた。この翌日、モリソンはイギリスの元海峡植民地総督セシル・クレメンティー・スミス宛に書簡を送っている。この中で彼は、交渉の経緯について、日本が要求の一部を列強に秘匿し、『タイムズ』特派員フレイザーを騙したため、同紙が中国人のいつもの「言い逃れ」を非難することになったと要約した上で、次のように結論づけている。

しかし、次第に真実が明らかになった。エドワード・グレイ卿は果断にも日本を抑え、昨日調印された協定は、一時予想された内容に比べてはるかにましなものになった。中国人、少なくとも大総統は、今回の事件で多くをイギリス人に負っていることを知っている。

この文章には、日中交渉の過程で自らが果たした役割に対する自負が込められていると見ることができよう。

もちろんモリソンは、交渉の妥結を手放しで歓迎していたわけでは全くない。彼はこれに続く部分で、「日英同盟が戦後いつまで存続するか疑問に思っています」と問いかけ、「イギリスが負けて、極東での列強の地位を失うと日本が考えているとすれば、戦争勃発以来の日本の対中政策もイギリスに対する条約義務違反も説明がつく」と記している。また、「中国の状況はうまくいっていない」とし、「建設的な政治指導」も「目標の一貫性」もないまま、「際限のない規制」が導入されていることに失望を表明している。日本の大陸進出を抑止し、中国の国家建設を手助けすること。モリソンは引き続きこれを課題として背負っていくことになるのである。

おわりに

以上、二十一ヵ条要求をめぐる外交交渉においてモリソンが果たした役割を具体的に検討してきた。そこで明らかにしたことは、主に以下の二点にまとめられる。

第一に、二十一ヵ条要求のうち、列強に秘匿されていた第五号を中国が各方面にリークする上で、モリソンがきわめて大きな役割を果たしたことを明らかにした。一九一五年一月一八日に同要求が提出された直後、袁世凱から詳しい情報を知らされなかったモリソンは、日本はイギリスの了解のもとで要求を出しているはずだと観測し、要求内容に問題があるとは考えなかった。しかし、一月末にかけて情報収集を進める中で、モリソンは日本が列強に秘匿している要求があることを察知し、二月四日に正確な情報を入手することに成功した。彼はそれをイギリスのジョーダン駐華公使に伝え、その情報は直ちにグレイ外相まで届いた。また一五日には日本の要求の原文を入手し、その情報もジョーダンや『タイムズ』のドナルド特派員、スティード外報部長に伝えた。モリソンがイギリス政府や『タイムズ』に日本の正確な要求内容を伝えたことが、日本の早期交渉妥結の意図を挫き、日中交渉が中国の強い抵抗と列強の監視の中で行われる一つのきっかけとなった。外交交渉の流れを変える上で、モリソンが果たした役割はきわめて大きかったと言える。

第二に、モリソンのみならず、『タイムズ』外報部長のスティード、特派員のフレイザー、ドナルドの役割にも焦点を当て、同紙の二十一ヵ条要求報道の過程を立体的に明らかにした。上述したとおり、二十一ヵ条要求の内容が欧米に明らかにされる過程で、モリソンが果たした役割はきわめて大きい。しかしながら、それをモリソンの独力と見るのは正確ではない。

モリソンは一九一二年に『タイムズ』を退社していたため、現役記者時代に比べ、情報収集能力や紙面への影響力は劣っており、自らもそれを自覚していた。袁世凱の政治顧問という地位を活かして、中国政府内の情報にアクセスできるようになった面もあったとはいえ、広範囲の取材や他紙のジャーナリストとの交際という点では、フレイザー、ドナルドの方がより活発に行っていたし、記事の編集権はスティードが握っていた。二十一ヵ条要求をめぐる『タイムズ』の報道は、フレイザー、ドナルドが日本、中国から送った情報を、ロンドンのスティードが取捨選択して行っていたのであり、モリソンの役割は、その中でドナルドに情報を提供し、スティードに自らの考えを伝えることに限定されていたとも言える。そのインパクトは決して小さくはなかったものの、「北京のモリソン」として名を馳せた『タイムズ』現役時代の活躍に比べると、袁世凱の顧問という地位は、ジャーナリストとして彼が活動する上ではむしろ桎梏となっていたし見ることができよう。

注

（1）これまで発表されたモリソンに関する主な著作として、シリル・パール著、山田侑平・青木玲訳『北京のモリソン――激動の近代中国を駆け抜けたジャーナリスト』（白水社、二〇一三年、原著: Cyril Pearl, *Morrison of Peking*, London: Angus & Robertson Ltd., 1967）、ウッドハウス暎子『北京燃ゆ――義和団事変とモリソン』（東洋経済新報社、一九八九年）、同『日露戦争を演出した男モリソン』上下（東洋経済新報社、一九八八年、のち新潮文庫、二〇〇四年）、同『辛亥革命とG・E・モリソン――日中対決への道』（東洋経済新報社、二〇一〇年）、Woodhouse Eiko, *The Chinese Hsinhai Revolution; G. E. Morrison and Anglo-Japanese relations, 1897-1920*, London; New York: Routledge Curzon, 2004, Peter Thompson and Robert Macklin, *The Man Who Died Twice: the Life and Adventures of Morrison of Peking*, Crows Nest: Allen & Unwin, 2004, Ian Nish, 'Dr G. E. Morrison and Japan' in Ian Nish, *Collected Writings of IAN NISH, Part I*, Tokyo: Edition Synapse, 2001を挙げることができる。

（2）モリソンとパリ講和会議のかかわりについては、近年アントニー・ベストが考察を行っている（Antony Best, 'G. E. Morrison' in Hugh Cortazzi ed., *Britain & Japan: Biographical Portraits*, vol.VIII, Kent: GLOBAL ORIENTAL, 2013）。

（3）以下同要求に関する記述は、特に注記のない限り、拙著『対華二十一ヵ条要求とは何だったのか――第一次世界大戦と日中対立の原点』（名古屋大学出版会、二〇一五年）に基づく。

（4）「モリソン文庫」については、斯波義信編『モリソンパンフレットの世界』（東洋文庫、二〇一二年）、

「モリソン文書」については、榎一雄「ミッチェル図書館所蔵のモリソン文書について」(『東洋文庫書報』二号、一九七一年三月)、中見立夫「最近のモリソン文書」(『東洋文庫書報』一二号、一九八一年三月)、菅原純「「北京のモリソン」し新疆――モリソン文書における新疆関係資料について」(『東洋文庫書報』二九号、一九九八年三月)を参照。「モリソン文書」所収の主要な書簡は公刊されており(Lo Hui-min ed., *The Correspondence of G. E. Morrison*, I-II, Cambridge; New York: Cambridge University Press, 1976-1978)、二十一ヵ条要求関係の文書は、同二巻に収められている。

(5) モリソンとチロルの対立については、Linda B. Fritzinger, *Diplomat without Portfolio: Valentine Chirol, His Life and The Times*, London; New York: I. B. Tauris, 2006, pp. 334-446を参照。

(6) その一端については、拙稿「チャールズ・エリオットと第一次大戦後の日本政治――一九一八〜一九二六年」(『法学論叢』一五八巻五・六号、二〇〇六年三月)を参照。

(7) ドナルドの事績については、彼の伝記E. A. Selle, *Donald of China*, New York; London: Harper & Brothers publishers, 1948を参照。

(本稿は『モリソンパンフレットの世界』所収の拙稿「モリソンと対華二十一ヵ条要求」を節略、再録したものである)

第二部　モリソンパンフレットの世界

岡本隆司

モリソンとパンフレット・コレクション

1　モリソン文庫

❖コレクション

波瀾万丈の時代を駆け抜けたモリソン。医者であり旅行家であり、ジャーナリストであり政治顧問でもあったかれは、また同時に、稀代のコレクター・蒐書家、そしてライブラリアンだった。医療にせよ探検にせよ、報道にせよ政治にせよ、多かれ少なかれ調査というものが必要だから、それに関わる資料を集めるのは当然である。モリソンも蒐書の最初の動機は、そうだったのかもしれない。

しかし生来の蒐集癖だったのか、コレクションそれ自体が目的にもなってくる。とりわけ『タイムズ』紙通信員として北京に駐在、居住してからは、その仕事にも関わって、東アジアに関する欧文書籍の徹底的な蒐集を本格化させた。

書店への注文はいわずもがな、モリソンは自分と関係・縁故のある在外公館・政府高官・軍人・商工機関・宣教師・学者たちをも通じ、書籍の入手に手を尽くした。几帳面な書翰のやりとりが、そこで大いに役立っている。

ジャーナリスト・モリソンの声価があがるとともに、そのコレクションも世界的に著名なものとなった。かれはやがて北京・王府井大街の自邸に、コンクリート建の書庫を特設して、その蔵書を排架し、「アジア文庫」と名づけている。

これはモリソン個人所有の蔵書・図書館ではありながら、かれは快く利用を望む人々に開放した。実際これによって、完成をみた著述も少なくない。往年の標準的な英文の中国事典 Samuel Couling, *Encyclopaedia Sinica*, London, 1917 はその代表的な事例であり、序文にモリソンとアジア文庫への謝辞が明記されている。

❖杜村《モリソン》・石田幹之助

モリソンは一九一七年、およそ二万四〇〇〇冊にのぼるこの蔵書を、岩崎久弥男爵に売却した。主として経済的な理由からである。一九一二年に『タイムズ』を退社し、中華民国政治顧問の任に就く前より、譲渡を考えていた。

かれは蔵書を分散させず一括して、東アジアに留め置くことを希望していた。もちろん中国人もふくめ、多くの買い手があらわれたものの、日本は当初から有力な相手だったのである。横浜正金銀行取締役で中国に駐在していた小田切万寿之助の仲介で、最終的に岩崎の手にわたった。岩崎はモリソンの蔵書うけわたしにあたって、東京帝大文科大学学長の上田万年に相談し、上田は門下の石田幹之助を起用した。石田はすでに「アジア文庫」を訪れ、モリソン本人にも会ったことがあったからである。

一九一七年八月二〇日、石田は当時二六歳、この日がかれの人生を決めた。以下はかつて東洋文庫理事長をつとめた榎一雄がまとめ、伝えている当日のエピソードである。

受渡しの際、モリソンが、この多数の書籍を一々目録と引き比べている時間はない、目録にあるものは全部ある、これは自分を信用して欲しい、試みにそのどれでも言ってくれれば出してみせると言い、石田博士の注文に応じて立ち所にそれを取り出し、版を重ねたもの、異版のある場合には、直ちにそのすべてを並べて見せた手際は、石田博士を最も感激せしめ、博士をして、凡そ書籍を取り扱う者はこのようでなければならない、よし自分もモリソンに負けないライブラリアンになろうと決心させたのは、名高い話である。

石田は爾来一七年、ひたすらこのモリソン文庫の整備と拡充につとめ、現在の東洋文庫の基礎を築いた。「東洋文庫は石田博士が編集長となって編纂した一大叢書というべきもの」で、「モリソン文庫が石田博士を得たことはモリソン文庫の幸運だった」という榎の評言は、けだし至言であろう。

石田のおびただしい研究業績の数々も、モリソン文庫があってはじめて生まれたものであった。「モリソン文庫に活動の場を与えられたことは」、石田にとって「あたかも鳥が翼を得、魚が水を得たのに」ひとしい。(1)かれはモリソンにあこがれ、その衣鉢を継いだ。自身を「杜村《モリソン》」と号したことが、何よりも雄辯にその学問的生涯を物語っている。

2　パンフレット・コレクション

❖モリソンパンフレットとは何か

かくてできあがった東洋文庫のモリソン文庫は、全体がもとより至宝にほかならない。しかし中でも異彩を放ち、ここにしかなく、もはや二度と購い得ないといわれるコレクションがある。いわゆる「パンフレット」類、六〇〇〇点あまりである。

モリソンは『タイムズ』紙のジャーナリストとして、国際政治に多大な影響力をふるった。それはかれの力量もさることながら、メディアの報道・宣伝が内外の政治で、大きな存在感を有する時代になっていたからである。

そこで最先進国だったイギリスを中心に、国内外を問わず、パンフレットの刊行と流布がしきりにおこなわれた。政治的な宣伝、あるいは非難、攻撃、誹謗の手段として、あるいは圧力政治の一手段としてである。

モリソンは自身の蒐書活動のなかで、こうした零細な冊子を実にまめまめしく集めている。たとえば、当時も国際的に物議を醸していた中国のアヘン貿易では、賛成論者も反対論者も、国境を越えてパンフレットをバラまき、論争にいそしんでいた。かれのパンフレット・コレクション

から、そのありさまがよくわかる

文字どおりパンフレットというべき単行の小冊子ばかりではない。モリソンは自身の縁故・交友の関係を通じて、雑誌論文の抜き刷り類や在外公館の文書をも、おびただしく入手していた。朝河貫一の著述などはそんな事例に属しており、コレクションの特色をなす一面である。

そのほか、いわば自作の「パンフレット」をも含む。モリソンは一般の図書・雑誌・新聞で目に触れた、東アジア関係の数知れない論文・記事を切り抜いて、あるいはスクラップにし、あるいは別に木綿糸で綴りなおし、タイプ用紙などでつけた表紙に表題、原載誌名・巻号を記入し、克明に整理、保存していた。かてて加えて、自分に送られてきた書店のカタログや鉄道開通式の招待状のような類もある。

以上の「パンフレット」類はこのように、モリソンが蒐集したおびただしい書籍以上に、かれの生きた時代の極東問題を、リアル・タイムかつオン・スポットに表現している。そのトピックは、東アジア各国の政情、内外の戦争のみならず、国際的に複雑な様相を呈した通商問題、アヘン問題、対中借款やその推移など、すこぶる重大な歴史的問題にわたっている。今日の歴史家・研究者からみれば、じつに貴重な情報源に満ちた史料であって、モリソン文庫のまさしく白眉にほかならない。もちろんモリソン本人も、そのいたるところに顔を覗かせている。

❖研究の現状

しかしこの「モリソンパンフレット」は、これまで十分に活用されてきたとはいいがたい。それを駆使した本格的な研究は、稀であった。所蔵する日本でも、言語の共通する欧米でも、事情は大差ない。

研究の条件・環境がなかなか整わなかったからである。モリソンパンフレットが歴史資料として重要なことは、つとに知られていた。しかしそれぞれの内容を正確に分析し、相互に対照して特徴を生かすような研究を実践するのは、容易ではなかった。

個々のパンフレットが、あまりに零細だからである。個別の資料を一つ読んでも、それだけではとても用をなさない。だからといって、複数を同時に参照するには、くわしい目録がなくては、あまりにも不便である。そうしたパンフレットの分類整理と目録作成に、かなりの時日を要した。ようやくひととおりの目録*Classified Catalogue of Pamphlets in Foreign Languages in the Toyo Bunko acquired during the years 1917-1971*ができたのは、一九七二年のことである。

またパンフレットに対応する、関連諸国の同時代文書の公開が、近年まで十分にすすまず、比較対照に供すべき資料が容易に集まらなかった。しかも学際的・国際的な研究を包括的総合的にしてゆくような体制も、最近まで整備されてこなかったのである。

しかし印刷情報技術の発達にともない、各国の資料も公開がすすんできた。グローバル化に乗じて、学際的・国際的な研究体制も通例になりつつある。ようやくモリソンパンフレットを包括的総合的に分析する条件が整ってきた。

そこでわれわれは、個々零細なパンフレット類を文献的に定置するとともに、相互参照できる同時代の資料をも動員して、考察を重ねてきたのである。そこでわかったことの一端を、以下に紹介していきたい。

3　モンゴル語の「パンフレット」

❖「モンゴル初の新聞」

ここでは主として、筆者が調べた中国の対外関係、とりわけモリソン本人が関わったパンフレットのいくつかを、典型的な事例としてあげてみよう。

まず、めずらしいモンゴル語の書籍である。モリソン文庫は基本的に欧文の書籍を集めたものだから、パンフレットでモンゴル語のものは、おそらくこれが唯一ではないだろうか。その意味で貴重な蔵書ではある。

Mongol Newspaper. The first issue of the first Mongol newspaper issued at Urga, March 23 [sic], 1913. 55pp.

目録にはこう掲出していて、請求記号はP-V-B-a-11である。「モンゴル初の新聞の創刊号」というわけだが、これは『新しい鏡という書』(*Sin_e toli kemekü bičig*) なる刊行物、一九一三年三月一九日から翌年の九月まで計二〇号、毎号五〇〇部発行したものである(図1)。ブリヤートの知識人・ペテルブルグ大学講師だったジャムツァラーノが、中心になって刊行した「新聞」だった(2)。

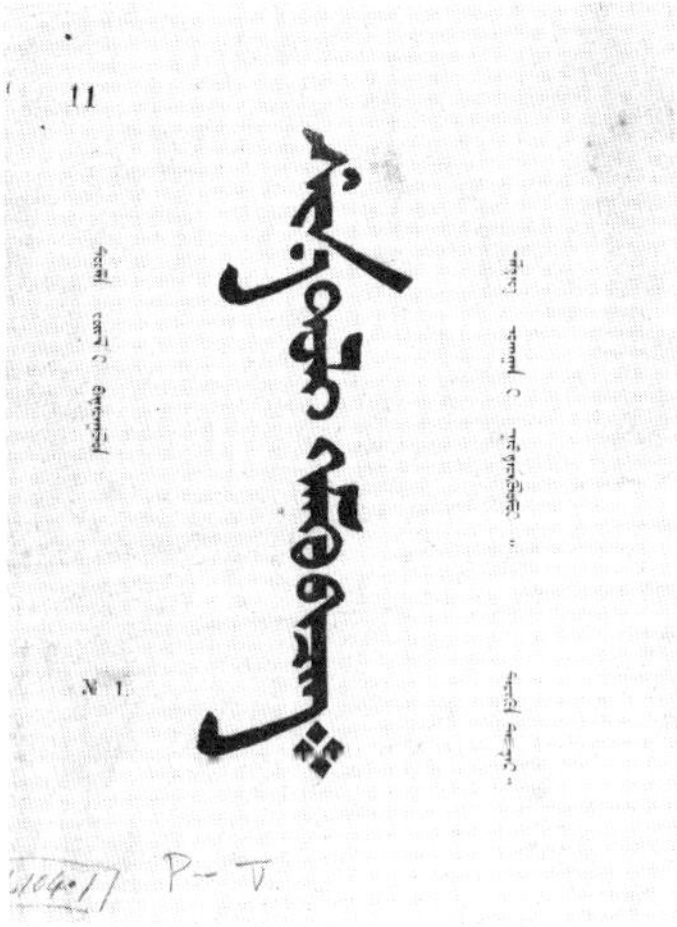

図1　右に紹介したモンゴル語の新聞の表紙(東洋文庫所蔵 P-V-B-a-11)

東洋文庫はこの新聞を、第四号まで所蔵している。請求記号はMO-MI-14で、モンゴル研究に従事し『蒙古語大辞典』を編纂した、旧日本陸軍の軍人・鈴《すず》江《え》萬《まん》太《た》郎《ろう》の寄贈図書に含まれる。

だから東洋文庫に、少数ながら定期刊行物としてまとまった所蔵のある『新しい鏡という書』は、モリソンが集めたものではない。

かれ自身、手許にある「創刊号」も読んだかどうか、かなり疑わしいし、どうやら続刊を探して揃えようという気もなかったようである。

蒐書家《コレクター》の関心というのは、えてしてそんなものなのかもしれない。しかしこの場合、そんな関心の持ち方は、どこに由来していたのか。

そもそもなぜ、この新聞がモリソンパンフレットに存在するのだろう。その答えはかれ自ら、書きつけてくれている。

Sent to me by His Excellency M. Korostovetz the Russian Envoy, Urga, 1913.(3)

つまりモンゴルのフレー（現ウランバートル）に駐在したロシア代表コロストヴェツから送られたものだった。中見立夫によれば、この創刊号には「コロストヴェツのサインがあ」ったが、東洋文庫が「パンフレットを製本したとき、そのサインの頁を削除してしま」ったものらしい。(4)

❖入手のいきさつ

当時のモンゴルは、中国からの「独立」をめざしていた。外モンゴルは一九一一年一二月、辛亥革命のおこった清朝から離脱、「独立」することを宣言して、まもなくロシアと露蒙協定をとりむすんだ。そのロシアを代表した使節が、コロストヴェッツだったのである。モンゴル側はもちろん、ロシアの支援をあてにしていた。

翌年に発足した中華民国は、こうした露蒙の動きに強く反撥した。露蒙協定を認めようとせず、ロシアに対し民国政府との交渉を求めたのである。ロシアもそれに応じ、一九一二年一一月の末から、双方の交渉が始まっていた。

翌一九一三年三月中旬、フレーのコロストヴェッツのところに、モリソンの友人ペリー＝エスカという人物が、一週間ほど滞在した。かれはアイルランド人、中国滞在も長く、モリソンの友人でもある。このたびはかつて北京で知り合ったコロストヴェッツから招きを受け、モンゴル調査旅行をおこなっていた。その紀行はH. G. C. Perry-Ayscough & R. B. Otter-Barry, *With the Russians in Mongolia*, London, 1914として刊行されている。

モリソンはこの機に乗じ、ペリー＝エスカを通じて、コロストヴェッツに種々の照会をおこなった。コロストヴェッツからもそれに答える資料をえた、というから、『新しい鏡という書』の創刊号も、その折に提供を受けたと思われる。

コロストヴェッツ自身、この新聞の創刊に深く関与、協力していた。編集に当たったジャムツァラーノは、モンゴル「独立」運動家の一人である。そうした新聞を中華民国総統府顧問に就任していたモリソンに送るのだから、単なる社交、贈答ではありえない。コロストヴェツのほうも、ペリー＝エスカとの接触・会談で、北京のモリソンから依頼された情報提供に応じ、これを露蒙関係の構築に役立てようとしていたのである。

❖コロストヴェツとモリソン

そのあたりの事情は、モリソンとコロストヴェツの書翰のやりとりからも、うかがうことができる。たとえば、コロストヴェツはモリソンあて一九一三年四月一九日付書簡で、フレー離任にあたり、以下のように述べている。

ロシア人とフレー政府の双方を満足させるため全力をつくしてきたけれども、ほとんど成就していません。半年くらい前に結ばれた条約（露蒙協定）は、愚見ではまだ発効していませんし、将来も履行されないでしょう。……中国には戦争を始めるなどという愚かなマネは慎んでいただきたい。さもなくば第二の失敗を犯すことになるでしょう。北京政府が譲歩し、少しでもロシアの正当で穏健な提案に応じてくれれば、すべて平和裏に片づくのだから、な

おさらです。あまりにも時間を浪費し、事態をここまで放置したのが残念に思います。(5)

モンゴルに対し、「戦争を始め」かねない中国側の姿勢を憂慮していたコロストヴェツの態度をよくあらわす。

モリソンはこれに対し、五月一三日付で返信を出し、「モンゴルで中国の軍事上の冒険的な政策は、企てられたことがない」と応じた。(6) このように、コロストヴェツの関心に即した楽観的な口吻が、どうやら露蒙関係をめぐるモリソンの姿勢をあらわしていよう。

モンゴルの国際的地位をめぐっては、当時すでに中国とロシアの間で交渉がすすんでいた。コロストヴェツがモリソンに書簡でいった内容も、ロシア側がそうした文脈で中国側に働きかけをおこなった措置の一環だとみなしてよい。

そしてこの時期、一定の成案がまとまりつつあった。一九一三年五月末の時点で、中露が議論し、決まりかけていたその案文は、次のように謳っている。

ロシアはモンゴルが中国「領土の完全なる一部分」であることを承認
中国はモンゴルがこれまで有してきた「地方自治」制度を変更しないことを保証

これに反撥したのが、モンゴルとの交渉にあたってきたコロストヴェツである。かれはロシア側当局を動かして、交渉をやりなおさせた。モンゴルが中国の「領土」だと認めることは、モンゴルを裏切って中国の「幻の権利」を認める内容で、中国側に一方的に有利だというにある。(7)かたやモリソンはこの案文に対し、六月二日、中華民国総統府にあて、以下のように述べている。

ほとんどすべての外国人をふくむ大多数の人々が永久に失われたと信じていた権利を、政府は中国に回復した。(8)

中国の「権利」を認めたとみなす点、コロストヴェツと軌を一にするといってよい。ここから、モリソンの中蒙関係観形成に作用したコロストヴェツの影響をうかがうことができる。

コロストヴェツはロシアの外交官である。ロシアの利害で動いたがために、中国の「権利」は認めがたく、再交渉にまでもっていった。

モリソンはそれに対し、中華民国総統府の顧問である。上の引用文にいう「政府」や「大多数の人々」といったくだりも、中国側の利害関心をわきまえたものといえよう。だからモリソンは中国側の意向を十分に忖度し、支持し実現できるよう考え、動かねばならない。

それなら、かれはそんな自身の立場で、モンゴルに関わるロシアとの交渉をいかほど理解していたのか。あるいは、そんなモリソンを顧問としていた中国側は、かれをどのようにみていたのか。

❖モンゴル「独立」問題とモリソン

実はモリソンパンフレットに、そうした事情を示す資料はみあたらない。リアル・タイムのモンゴル関係の「時事資料」は、きわめて少ないのである。

それはもちろん、モリソンがその種の問題に関わらなかったことを意味しない。顧問としてたくさんの意見書を政府に提出している。もっとも、モンゴルの国際的地位と中国の「権利」に関わるものにしぼれば、それは必ずしも多くない。その代表的なものとして、一九一四年一月二四日付の意見書"The Russo-Mongolian-Chinese Conference at Kiakhta"(9)を見てみよう。

コロストヴェツの働きかけによる再交渉の結果、一九一三年一一月五日に露中宣言がまとまった。(10) その関連部分をあげておこう。

ロシアは「外モンゴル」に対する中国の「宗主権」を承認

中国は「外モンゴル」の「自治」を承認

また附属の交換公文は、ロシアは「外モンゴル」が中国の「領土の一部」であることを承認する、と明記している。追って「外モンゴル」もくわえた三者協議を開くことも決まった。

この三者協議は一九一四年九月からキャフタ会議として実現し、九ヵ月もの交渉を経て、キャフタ協定として結実するから、一九一四年初めは、協議に臨む準備時期にあたる。そこで中華民国政府顧問のモリソンも、袁世凱側近の蔡廷幹を通じて、意見書を提出したわけである。

その意見書はまず、露中宣言が「モンゴル人に多大の不満・不平をもたらし」、またモンゴル・中国にも小さからぬ損失を与える、と指摘する。そして、そうした諸方面の不満を緩和すべく、フレーの貿易開放を提言、そこに中国の税関を設置することを提議したものである。すでに露蒙協定で決まったモンゴルにおけるロシアの「自由貿易」と、露中宣言で決まったモンゴルの国際的地位との関係が問題になるからであった。

つまりモンゴルでは、外国が「自由貿易」できるのに対し、中国貿易にはフレー政府が「自治」権を行使して徴税しかねない。中国が「宗主権」をもち、その「領土」であるはずのモンゴルで、中国の貿易だけが課税されるという奇妙な現象を呈するわけで、モリソンの提案はその対策だったのである。

そうした危惧は確かに、中国側も有していた。外交部は来たるべきキャフタ会議の代表使節・

畢桂芳《ひつけいほう》と陳籙《ちんろく》にこの文書をまわして、「留意」を求めたし、モリソンはまもなく実際に二人と会談もしている。

それなら中国政府は、モリソンの提案にしたがったのであろうか。そうした事実はみられないし、検討すべき案になった形跡もない。モリソンの提案がどうやら、中国政府の意向に即していなかったからである。しかも建言の適否ではない。立論そのものに問題があった。

モリソンの立論は、既成の国際法にもとづく「宗主権」「領土」「自治」の地位と、そこに関わる課税権など実務的な内容との整合性に着眼したものだった。それはしかしながら、現実の経過とむしろ合致していない。

そこで問題となるのは、露中宣言のテキストである。その内実は露中双方の主張を折衷したものであって、「宗主権」「領土」「自治」の概念に対する解釈が、ロシア・中国・モンゴルそれぞれに異なっていた。モリソンはそれらを所与の、既成の定義で立論しているのに対し、キャフタ会議に臨む当局は、その会議で「宗主権」「領土」「自治」を意味づけ、定義しようとしたのであり、その点で決定的にズレている。実際の交渉で、モリソンの案がまったく議論の俎上にのぼらなかったのも、当然だったのかもしれない。

❖顧問としてのモリソン

以上のようにみてくると、モリソンはコロストヴェッツを通じてアプローチしたモンゴル「独立」問題で、顧問としてほとんど影響力はもちえなかった、といわざるをえない。それはどうやら、モリソンパンフレットのありようとも平仄が合っている。

とりわけ時事的な性格の強いパンフレットは、蒐集したモリソンの当時の関心を大なり小なり、示すものとみることができる。本書でもとりあげるアヘン反対運動などは、おびただしいパンフレットが残っていて、かれの姿勢をよく示す事例だといってよい。

それに対し、このモンゴル「独立」問題では、数が少ないためにパンフレットから関心の度合いを測ることは難しい。所蔵する「モンゴル初の新聞」は、その情報蒐集活動から入手し得た、希有の事例ではあった。しかしコレクションが継続していないことに鑑みれば、やはりモリソン自身の関心としては、十人並みの域を出ていないとみるべきだろう。そのためなのであろう、かれの理解は問題の枠組みに行きとどかず、顧問として果たせた役割も、ごく限定的だった。

もっとも、モリソンに限らない外国人顧問の地位それ自体が、問題である。この時期は有賀長雄・坂西《ばんざい》利八郎《りはちろう》ら著名な日本人も、モリソンと並んで顧問だった。そもそもかれらが中華民国政府からどう位置づけられ、何を期待されていたか、必ずしも明らかではない。これは中国の政府がいかなるものであるか、という問題と不可分なので、それが十分にわからない以上、確たる答えを出しようがないのである。

モリソン自身は外国人の「政治顧問」を徒食の輩と形容し、その地位に「幻滅と倦怠を感じていた」[11]。モンゴル「独立」問題では、求められてキャフタ会議の代表使節に会ったところ、「まったく空疎な会談」で、どんな訓令を与えられたかもわからず、交渉が合意に達することはありえない、と述懐している。また同じ時期に問題となったチベットをめぐる交渉でも、中国政府の態度に幻滅を隠していない。「外モンゴル」「外チベット」の「喪失」を阻止できなかった責は、「政治顧問」に転嫁されるだろう、とまで言いつのった[12]。

こうした所感は、果たして正しいのか。外国人顧問の境遇・処遇は、実際にいかなるものだったのか。中国の歴史的な政治構造と不可分なこの問いは、たとえば豊饒なモリソンのコレクションをくわしく検討することで、考察の手がかりが得られるであろう。

4　スクラップ記事

❖「朝鮮の独立」という新聞記事

モリソンパンフレットで特徴的なのは、新聞記事の切り抜きが多いことである。その典型的な一例を紹介しよう。一九世紀後半から二〇世紀の前半まで、上海で発行されていた英字日刊紙『ノース・チャイナ・デイリー・ニュース』紙の切り抜き記事である（図2）。

Denny, O. N., Letters on the independence of Korea. Cuttings from the North China Daily News. October 14th, 28th and 31st, 1887. With letter from W. W. Rockhill, dated August 14, 1908.

と目録にあり、(13) 請求記号はP-IV-b-18である。その記載どおり一九〇八年八月一四日付の書簡が添付されていて、このスクラップがモリソンパンフレットに加わったいきさつがわかる。その文面は以下のとおり。

同封したのは、古い書類の中からみつけたものです。朝鮮国王の米国人政治顧問だったデニーの手になる文章ですので、棄てずにコレクションに加えられても、おもしろいかと存じます。

差出人のロックヒルはフィラデルフィア出身、外交官にして著名な東洋学者であり、チベット研究に造詣が深い。くだんの書簡を出した当時は、アメリカ合衆国の北京駐在公使で、モリソンとは一九〇〇年に北京で知り合い、親交を深めてきた。モリソン文庫には、ロックヒルの寄贈書も多い。またモリソンは自身が就任した外国人顧問に、むしろこのロックヒルを推していた。

ロックヒルはこのおよそ二〇年前の一八八〇年代、ソウル駐在の臨時代理公使をつとめたことがあり、その公的な執務上、あるいは私的な関心からか、この論説記事をスクラップしていたのであろう。一九〇八年、賜暇帰国から北京に帰任するにあたり、自分の古い書類群のなかから、このスクラップ記事を偶然に再発見して、組織的な蒐書活動をおこなっていたモリソンに寄贈したわけである。

しかしロックヒルの書簡の文面、ひいては目録に掲出する書誌は、どうも怪しい。この切り抜き記事が出た当時の清韓関係を少しく調べてきた筆者からみると、かなりミスリードの恐れがあると判断する。

N. C. Daily news 28/10. 87 – Most probably written by Judge O. N. Denny

411

THE INDEPENDENCE OF COREA.

The following letter has been handed to us for publication :—

MY DEAR FRIEND,—You ask me to give you my impressions about the Corean question. It is indeed a question of very great importance, and one which would require more information than I possess, to do justice to; but I cannot decline to do my best in order to meet your request, for you know I take the greatest interest in the welfare of this little kingdom, and that I have used every effort to inform myself about it.

You have no doubt read the interesting article in the *North-China Daily News* of 1st October on Corea, and as it contains a promise of giving further consideration to the state of affairs now said to be ruling or imminent in Corea, I shall endeavour in the meanwhile to tell you what I can say concerning them so as to help you in forming a right appreciation of what is passing here, though I confess it is nearly as obscure as the now defunct Schleswig Holstein question of which the late Lord Palmerston is reported to have said when asked to explain it, that there were only two persons who had ever understood it--, one of whom was himself, and he had forgotten all about it, and the other, whose name he did not care to mention, had died in a lunatic asylum from an overstrain of his mind in trying to find out the truth about it. I avow that there are many difficulties, though not quite so bad as those of the Schleswig Holstein question, in the way of getting at the truth concerning Corea. First of all the isolation of that country and there being no public press in Corea to record what goes on there. Then the contradictory and one sided misrepresentations of Corean affairs that are constantly foisted on the public according to the prejudiced sources whence they come, and these sadly perplex the enquirer. The chief obstacle however to the truth being known, is the line taken up by certain foreign newspapers in China and Japan, which maintain for their own selfish political purposes, and not for the good of Corea, that China has a real recognised suzerainty over Corea which gives it a right to be considered the final authority on all opinions regarding that Kingdom and its policy; to the exclusion of Corea being listened to or being permitted to assert its own position: and consequently the Chinese version of affairs is accepted as authentic—although it is most deceptive. Thus the contemporary history of Corea is all one sided and incomplete, and what is true or otherwise is concealed from the public. Add to this, the foreign press is frequently, both implicitly and overtly, urging the Chinese Government to constantly interfere in Corean affairs, as though China were exercising an unquestioned right of supervision there; and it even goes so far as to recommend China to absorb or militarily occupy all Corean territory. As a specimen and evidence of this practice of the British Press in China the columns of the *Chinese Times* published at Tientsin afford the following :—"The interest of China in Corea is vital to her, and even no desire to conciliate neighbours can stand in the way of the paramount necessity for *China to be mistress of Corea.* Therefore the Corean question, which is whether the Kingdom shall be independent or not, is a question of life or death to China." (The editor does not condescend to think whether it is a question of life or death to Corea)

this peace of "political assassination" so similar to that described in the Edinburgh Review of last July. The turbulent Chinese Resident at Seoul must have accurately felt the danger of the King escaping from his clutches, and he thus sought to deprive of its importance the royal resolve of sending Ministers abroad that had been declared in the Corean official Gazette, by insolently trying to revive the worn out dogma of Corea being a vassal of China, and on this false *petitio principii* fabricating a statement or proposal, (which has found its way into Chinese papers) that Corea in sending Embassies abroad shall be governed by and be in conformity with the laws of Western nations with reference to vassal states on those matters, and that in accordance with this law the Corean Ministers should be introduced and their credentials presented by the Envoys of their suzerain power the Chinese Government." Where Mr. Yuen discovered this law as above described is unknown to me, for the best writers of international law that I have read do not recognise any such law. It is generally admitted that semi-sovereign states have neither the active nor passive right of embassy and are always represented abroad by their sovereign's envoy; but that even such powers should be obliged to have their envoys (if they choose to send them to other powers) introduced and their credentials presented by their suzerain's envoy, is unheard of in international law, and is mere invention of the Chinese Resident at Seoul for the purpose of deception. To place Corea in the category of semi-sovereign states is plainly begging the whole question, for Corea has treaties with the great powers implicitly recognising her active right of embassy as an independent nation. Whether the Tsung-li yamên telegraphed to the Corean Court to act in accordance with Yuen's proposal is irrelevant to the question, as is also the gratuitous assertion of Yuen that the Corean King instead of asserting his independence by his contemplated act "betraying his purblind ignorance and folly," but it is incredible that this ignorant and arrogant Chinese Resident should presume to assert that "the various foreign Ministers at Seoul have made known their opinion that in order to ensure their reception in foreign Courts the Corean Envoys should conform" to the law fabricated by Mr. Yuen, and this in the face of the provisoes of their own treaties that they will receive Corean Envoys on the same terms as their own envoys are received by the King of Corea, and that they shall freely enjoy the same facilities for communicating personally (and not through any other envoy) with the authorities of those powers, that are enjoyed by diplomatic functionaries in other countries. This was indeed *un peu trop fort*, and the foreign Ministers at Seoul must have laughed in their sleeves at Yuen's presumption in imputing to them such absurd opinions.

Of a similar nature is the hazardous statement in the Chinese press, apparently inspired by Yuen, "that as a sequence to all this the different ministers elect had all resigned and that every present indication points to the total collapse of the undertaking, that instructions from the Chinese Government had decided the King to abandon the project altogether and that probably the last of it has been heard *for the present.*" Evidently the wish is father to the thought in all this, and the qualification *for the present* may be made as a loophole to escape through if the statement be questioned. Meanwhile the Japan Mail of 24th September announces that one of the envoys—the one sent to Japan—was received in audience by the Emperor on the 20th September without any introduction by the Chinese Minister at Tokio, and

図2　『ノース・チャイナ・デイリー・ニュース』紙の切り抜き記事
（東洋文庫所蔵 P-IV-b-18）

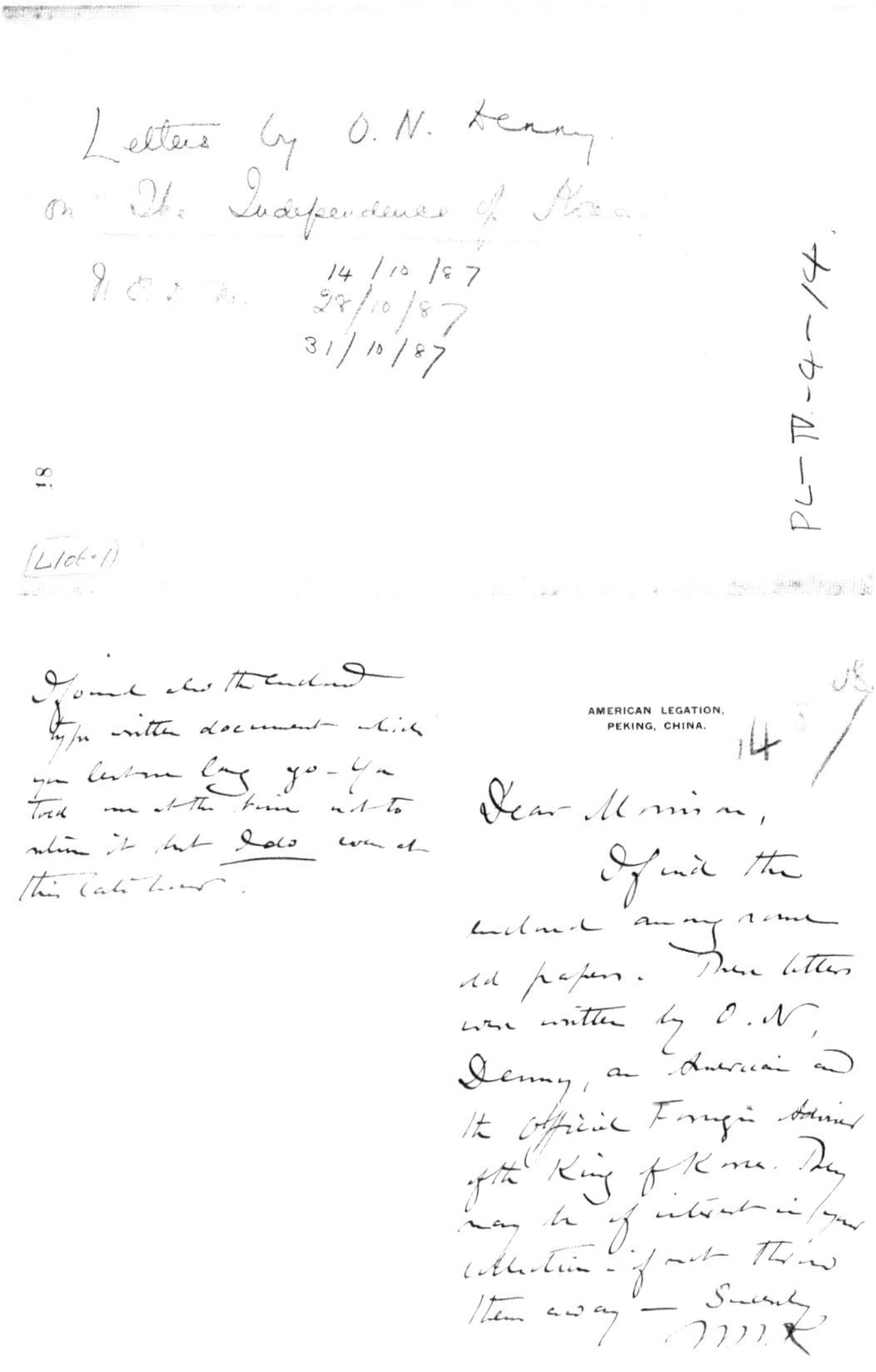
Letters by O. N. Denny
on "The Independence of Korea."
N.C.D.N. 14/10/87
28/10/87
31/10/87

18

(L106-1)

PL—IV—b—18

AMERICAN LEGATION,
PEKING, CHINA.

14

Dear Morrison,

I find the enclosed among some old papers. These letters were written by O. N. Denny, an American and the Official Foreign Adviser of the King of Korea. They may be of interest in your collection – if not throw them away — Sincerely
WWR

I found also the enclosed typewritten document which you lent me long ago – you told me at the time not to return it but I do so even at this late hour.

図2　目録カードとロックヒルの書簡（東洋文庫所蔵 P-IV-b-18）

まずこの記事そのものをみると、書誌は次のように記すのが適切である。

[anon.] "The Independence of Corea," Seoul, Oct. 14, 1887, *North China Daily News*, Oct. 28, 31, Nov. 1, 1887.

文章そのものに一八八七年一〇月一四日の日付があり、三回に分けて連載された。目録の掲載期日は、そのあたりに誤りを含むから、訂正の必要がある。

タイトルは"The Independence of Corea"であるので、これを以下、「朝鮮の独立」と呼ぼう。目録に「O. N. Denny, "Letters on the independence of Korea"」と掲出するのは、ロックヒルの書簡にしたがい、デニーが『ノース・チャイナ・デイリー・ニュース』紙に投稿した「朝鮮の独立」というタイトルの文章だとみているからである。ここに疑いを禁じ得ない。

❖デニーと『清韓論』

デニーはオレゴン州出身の法律家で、判事や徴税官を歴任したのち、一八七〇年代末から八〇年代はじめにかけ、中国駐在の領事をつとめた。一八八五年七月、旧知の直隷総督・北洋大臣李鴻章から朝鮮政府の顧問に招請され、翌年三月末ソウルに赴任する。この新聞記事が出た当時、デニーはその外国人顧問という地位にあった。

そもそも李鴻章がデニーを派遣したのは、朝鮮内外の政情安定を目的としている。かねてより激化した朝鮮国内の党派抗争、路線対立は一八八四年末、甲申政変をひきおこし、日本と清朝の軍事衝突まで招いた。戦争は回避されたが、火種は残り、朝鮮は安全を求めてロシア勢力を引き入れようとし、それに反撥するイギリスは、足かけ四年にわたって巨文島を占領している。

朝鮮は二〇〇年来、清朝の「属国」だった。しかし当時、その意味内容は国によって解釈が異なっている。しばしば紛擾がおこるのも、清朝と朝鮮の関係がはっきりしていないからだ、と李鴻章は判断し、あらためて明確に、朝鮮を清朝の属国として位置づけようとした。一八八二年以後、朝鮮が西洋諸国と条約を結ぶにあたって、「朝鮮は清朝の属国であり、内政外交は自主である」と声明させたのも、一八八五年に年少気鋭の袁世凱を出先として、ソウルに送り込んだのも、その一環である。

だが、それだけでは不十分であった。日本・西洋諸国と朝鮮がむすびつく策動を未然に防ぐには、各国を清朝の主張に承服せしめなくてはならない。そのためには、西洋諸国が依拠する国際法の知識と実践を要する。かくて法律にくわしいデニーに、白羽の矢が立った。ソウルで袁世凱と提携して、朝鮮政府を清朝のめざす方向に導くことが、デニーの任務だったのである。

しかしその任務については、当のデニーと清朝側とのあいだに、認識の相違があった。「朝鮮は清朝の属国であり、内政外交は自主である」という当時の清韓関係をどう見るか、という問題である。李鴻章は朝鮮を「属国」とみなすのを優先したのに対し、デニーは朝鮮の「自主」を第一に考えた。

袁世凱は李鴻章の意を体して、朝鮮政府に高圧的な態度で臨み、「属国」であることを内外にアピールした。ところがデニーは、これを袁世凱の専横とみなした。「自主」であるべき朝鮮の内政・外交に干渉したばかりか、国王の廃位をもくろむにいたっては、言語道断だった。

デニーはそこで、くりかえし袁世凱の更迭をもとめ、李鴻章に直談判さえこころみている。任期が終わろうとするころ、デニーは決意をかためて、清朝・李鴻章・袁世凱の朝鮮政策をきびしく批判する文章を執筆した。この文章は一八八八年の夏に、『清韓論』（*China and Korea*, Shanghai, no date, 47pp.）というパンフレットとして公にされ、やはりモリソンパンフレットに所蔵がある。請求記号は **P-III-a-1088** である。国際法にもとづいて、朝鮮の国際的地位を「独立国」だと論じたものであり、その限りにおいて「朝鮮の独立」と論旨はまったくかわらない。

❖『清韓論』の刊行

『清韓論』執筆の契機になった事件は、欧米諸国に対する朝鮮の常駐使節の派遣である。朝鮮国王高宗が一八八七年八月一八日、アメリカとヨーロッパ諸国に常駐する全権公使を任命すると、清朝側はその派遣・赴任に対し、くりかえし条件をつけてきて、公使の朝鮮出国は一一月まで、実現しなかった。そうしたなか、デニーは北洋大臣李鴻章に事情を説明し説得するよう、高宗から依頼をうけて、一〇月のはじめ天津に赴き、同月七日、李鴻章と会談した。その会談記録が残っている。これをメモと略称しよう。

デニーはおそらくその直後から、『清韓論』の執筆にとりかかったと思われる。メモをみると、措辞や文の運びから、それが『清韓論』の下敷になったことがわかるからである。できあがった『清韓論』には、いずれの版木も末尾にデニーの署名と翌一八八八年二月三日の日付があり、ひとまずこれを脱稿の日付とみておく。

かれはその年の三月いっぱいで、二年間の顧問の任期を満了する予定であり、そこで『清韓論』を公にするつもりだった。しかし後任者が決まらないこともあって、かれは顧問の地位にとどまらざるをえなかった。清朝との関係がいっそうこじれるのを恐れて、その原稿を公にするのも、当面さしひかえた。

ところが同じ年の六月二〇日、ソウルでキリスト教徒に対する迫害襲撃事件が起こる。自分もふくめた外国人の生命財産の安全にかかわるこの事件を、デニーは袁世凱の煽動による、とにらんで、にわかに『清韓論』の公表にむけて動き出した。七月の半ばに原稿本を各方面におくり、さらに自費で五〇部を刷って関係者に配布した。はじめてパンフレットのかたちで出た『清韓論』である。これをソウル本と称する。

そののち加筆のうえ、あらためて上海で『清韓論』が出版市販された。奥付などがないため、いつ刊行されたか、正確なことはいまのところわからない。これを上海本と呼ぼう。モリソンパンフレットが所蔵するのも、この版本である。

現在も閲覧できる『清韓論』のテキストは、以上のメモ・原稿本・ソウル本・上海本の四種である。メモをもとに原稿本を起草し、それをほぼそのまま活字化したのがソウル本で、そのソウル本を改訂したものが上海本、という関係になる。

❖校合

四種のテキストには、互いに出入がある。最大の齟齬はソウル本と上海本の間、ソウル本一七頁パラグラフのかわるところである。上海本二八〜二九頁はそこに、以下のような長文を挿入している。

この点に関しては、失礼をかえりみず、果敢公正な寄稿者が数ヵ月前、朝鮮の独立について書いた、力のこもった以下の書翰を引かせてもらおう。「清朝のこうした行動はこのばあい、朝鮮の自由を破壊する試みであり、米朝条約の第一条の範囲に入ってくる。なぜならそこには、もし他国（もちろん清朝もふくむ）が不当、暴虐に朝鮮を待遇したなら、アメリカは朝鮮のため調停につとめる、と規定してあるからだ。朝鮮国王が常駐使節を任命し、清朝がそれに足止めをくわせるという同じ場合になったら、イギリスがやることは、朝鮮と結んだ条約によって確実に推論できる。なぜならその第二条には、朝鮮は条約締結国として（そこには清朝の宗主権や朝鮮が属国たることの言及は、なにもない）、イギリスに常駐する外交使節を任命し、その使節は他国の外交官が享受する特権のすべてをもつ、と規定されているからだ。イギリスは条約にしたがえば、法的には朝鮮の使節うけいれを拒否できない。フランス・ドイツ・イタリア・ロシアとの条約にもまちがいなく同じ条項はあろう。もし朝鮮が使節を任命するにあたって、清朝が朝鮮の通使の権を制限する主張をあえて弄するなら、ヨーロッパ諸国はそうした権利を承認したあとになってから、こんな途方もない清朝の干渉をうけるという憂き目に遭いつづけるであろう。

国家を生かす主動力たる、かくも大きな問題に属する自由と諸原則に賛同するすべての人にとって、朝鮮の自由問題に対する日中のイギリス系新聞の扱い方は、驚くべきものである。ブルガリア・ルメリアに対しておこったあの昂奮・非難と今回の例をくらべてみよ。前者は二百万の住民、後者は百万にみたず、両国とも雑多な半文明人の混成体にすぎないのに対して、朝鮮は一千二百万の住民がいてすべて同じ人種で、少なくとも中国と同レベルの文明をもっているのだ。その朝鮮が実に、人道主義の列強の犯罪的な沈黙と無関心のなかで、清朝に併呑されて東洋から消滅しようとしている。東ヨーロッパの一角で同じことが起こるかもしれないと耳にするだけで、かの人道主義の列強は悲嘆にくれるであろうに。自由を主張する朝鮮の努力は、中国のイギリス系新聞に賛同されようか。清朝に対する朝鮮の苦闘で、一言でも朝鮮に味方する明確な発言をする東洋の報道機関はあるだろうか。」

要するに、上海本がソウル本になかった文章を大幅に増補したわけで、その引用符、「　」で括ってある部分が、実に「朝鮮の独立」の一節を引いたところである。

これで「朝鮮の独立」という記事がデニーの手になる、という想定が疑わしくなる。自分の文章だとしたら、デニーがこんな引用のしかたをするとは考えにくいからである。

ほかにも、デニーが「朝鮮の独立」の作者ではないことをうかがわせる点がある。「朝鮮の独立」はまず何よりも、清朝の朝鮮政策に荷担しがちなイギリスの新聞・イギリスの政府の態度と行動を問題にしており、そして当のイギリス系新聞に掲載したものであった。この態度がデニーとは著しく異なっている。デニーは清朝に批判的な日本の英字新聞に、『清韓論』の内容をまず掲載したいと考えていた。

そう思って両者つきあわせてみると、じつは語彙・行論に通ずるところはほとんどない。朝鮮の「独立」を支持する、その結論は同じでも、そこに至る過程、論点あるいは術語・措辞さえも、デニーのそれとは異なっている。

たとえばデニーは、遅くともメモ起草当時から、袁世凱の肩書を一貫してChinese Commissioner（委員）あるいはChinese representativeとよぶ。これは当時のアメリカ外交当局の態度でもあった。そのポストは漢語で「総理朝鮮交渉通商事宜」というが、清朝側はそれを欧文でresident（駐在官）と称していた。インド藩王国に対するイギリスの地位を寓したものである。袁世凱のソウル赴任以来、アメリカ現地当局との間に確執があって、袁世凱の言動と清朝の朝鮮政策に反対するアメリカ人は、その肩書をresidentと呼ばないことが、その態度表明にほかならなかった。

しかしこの記事「朝鮮の独立」では、袁世凱・清朝に強く反対して、resident を英領インドの「子供だましのニセ物（childish imitation）」といいながら、ともかくも resident と呼んでおり、それは当時のイギリスの態度と措辞に呼応するものである。

そう考えて「朝鮮の独立」を読むと、そこにはいくつか参照文献が引かれており、主要なものを拾いあげると、*Journal of the China Branch of the Royal Asiatic Society; Edinburgh Review; China Review; Contemporary Review* と、いずれもイギリスの雑誌である。ソウルに駐在したアメリカの法律家デニーが、閲覧しそうもないものだとみてよい。

上海本が引用する部分は、「朝鮮の独立」全体のうち、一八八七年一〇月二八日と三一日に掲載されたものだから、引用するなら、原稿本やソウル本でもできたはずである。にもかかわらず、デニーがあえて上海本で、あらためて引用するにいたった事情はよくわからない。

おそらく「朝鮮の独立」を参照したことを隠蔽しようとしたところ、ソウル本の読者から指摘をうけたか、もしくはそうでなくとも、デニーが思い直した結果、とりわけ『清韓論』の行論に最も好都合な部分を、あらためて引くことにした、と考えられる。

❖ロックヒルと『清韓論』

さて、同じ時期のロクヒルの経歴も、簡単にたどっておこう。かれは一八八四年、北京のアメリカ公使館に二等秘書官として、はじめて中国に赴任した。当時なお三〇歳くらいのロックヒルが、アメリカの朝鮮駐在臨時代理公使となったのは、一八八六年末のことである。後任公使が赴任してくる一八八七年四月はじめまで在任し、ソウルに滞在していた。

ロックヒルはその任を離れると、本務の北京公使館にもどり、一八八八年四月はじめに賜暇帰国する。「朝鮮の独立」は一八八七年一〇月末から公になっていたから、かれは中国で新聞を購入して、スクラップしたのだと思しい。デニーが『清韓論』を起草していた当時は、アメリカに帰国、滞在していた。

だからロックヒルが目にした『清韓論』は、パンフレットの形態のものではない。かれがはじめて読んだ『清韓論』のテキストは、一八八八年八月四日付のアメリカの新聞『ニューヨーク・ヘラルド』紙が掲載した「抜萃（extract）」である。これはデニーがソウル本を出版するにさきだち、関係者に配布していた原稿本のダイジェスト版だった。

ソウル本が出た時、かれはまだアメリカにいたし、市販の上海本が発刊されたと思われる一八八八年末から翌年初めには、中国にもどってきたが、すでにチベットへの旅行をはじめていた。

ロックヒルの知る『清韓論』とは、『ニューヨーク・ヘラルド』の「抜萃」しかなかった、ソウル本・上海本とも、パンフレットで出た『清韓論』をかれが見なかった可能性もある。

だから二〇年後の一九〇八年、ロックヒルが「朝鮮の独立」の作者をデニーだと想定したとき、ソウル本と上海本の出入、後者による引用の補足がその念頭にあったかどうか、すこぶる疑わしい。こうしたことからも、「朝鮮の独立」の著者をデニーだとするロックヒルの言には、信を置けないのである。

❖モリソンパンフレットの価値

一九世紀欧米の新聞雑誌は、匿名の記事・論説が多く、すこぶる扱いにくい。「朝鮮の独立」という記事は、その典型的な一例である。デニーという人物が、その著者であるかどうかをみてきた。否と結論づけたものの、しょせんは穴だらけの推論である。

当時の知的水準からいえば、朝鮮問題がわかる専門家はごく少数のはずで、一人二役をやるのも実例があるから、必ずしもデニーではないといえない。たとえば、そう反論されてしまったら、もう反論は不可能である。「朝鮮の独立」という論説の著者が、別人の誰かだと確実に特定できないかぎり、それがデニーである可能性はなくならない。

その意味では、徒労の考察だったともいえる。しかしこの記事や『清韓論』を生み出した当時の清韓関係の特質、およびメディア・ジャーナリズムの役割は、無視してよいものではあるまい。「朝鮮の独立」は他紙にも再録、転載されているから[14]、その文章を読むだけなら、強いてモリソンパンフレットについて閲覧するには及ばない。そのほうがあやふやな情報に惑わされないですむ。

しかしそれでは、筆者が抱いたような疑問もわかないし、試みたような考察もありえない。『清韓論』という別のパンフレットとの関わりも、不分明なままだったはずである。

むしろモリソンパンフレットの特徴と利点は、ロックヒルとモリソンがこの新聞記事を特に切りとって、残してくれたこと、かてて加えて、その匿名の執筆者をデニーとみなした、あるいは取り違えてくれたことにある。その行為・断定・錯誤がなければ、この記事に注目することも、当時の情況に考察を加えることもなかった。このような偶然、僥倖をもたらすところにも、モリソンパンフレットの価値と魅力があるといえよう。

注

（1）榎一雄「解説」（石田幹之助『長安の春』増訂版、平凡社東洋文庫、一九六七年、所収）三三五、三三八、三三六頁。

（2）田中克彦『草原の革命家たち』（中公新書、一九七五年）八〇、一九二〜一九六頁。
（3）Toyo Bunko, *Catalogue of the Asiatic Library of Dr. G. E. Morrison*, Tokyo, 1924, pt. 1, p. 271.
（4）田中仁・堤一昭編『戦前期モンゴル語新聞『フフ・トグ（青旗）』データベースの構築・公開に向けて』（OUFCブックレット第九巻、大阪大学法学研究科、二〇一六年）四四頁。
（5）Lo Hui-min, ed., *The Correspondence of G. E. Morrison*, Vol.2, Cambridge, 1978, p. 134.
（6）*Ibid.*, pp.143-144.
（7）拙著『中国の誕生』（名古屋大学出版会、二〇一七年）三五六〜三五七頁。
（8）Lo, ed., *op. cit.*, p. 157.
（9）*Ibid.*, pp. 281-284.
（10）中見立夫「一九一三年の露中宣言」（『国際政治』第六六号、一九八〇年）一一二〜一二〇頁、橘誠『ボグド・ハーン政権の研究』（風間書房、二〇一一年）三三三〜三六五頁を参照。
（11）C. Pearl, *Morrison of Peking*, Sydney, 1967, p. 279、シリル・パール著／山田侑平・青木玲訳『北京のモリソン』（白水社、二〇一三年）三七九頁。
（12）Papers of George Ernest Morrison, Subject File, MLMSS. 312/194, Memoranda, 1912-1914, [Memorandum,] Oct. 15,1914.
（13）Toyo Bunko, *op. cit.*, p. 226.
（14）たとえば、*Japan Weekly Mail*, Nov. 12, 1887がある。

（本稿は『モリソンパンフレットの世界』所収の拙稿「導論」の一部、および同「民国初期の蒙蔵「独立」問題とモリソン」「もうひとつの『清韓論』」を節略して、再編したものである）

城山智子

上海、黄浦江を掘る（一九〇七～一九一〇）
――モリソンパンフレット内資料の位置づけ

はじめに

一八三二年、イギリス東インド会社の船舶、アマースト号は、広州以外の港での貿易の可能性を探るべく、マカオを出発して北上した。アモイ、福州、寧波といった港で、入港を拒まれたのち、上海に向かうに当たって、通訳のカール・ギュッツラフは、「この都市は、南京からも遠くなく、この帝国の最も豊かな地域に属し、アジアの大河である揚子江の河口付近及び、その他航行可能な河川の河畔にあることから、貿易には最適な位置にある」と大きな期待を寄せた。実際に、アヘン戦争での敗戦を受けた一八四二年の五港開港後、上海は、長い対欧米貿易の経験を有する広州や、最も重要な輸出品である茶の生産地に隣接したアモイをしのぐ、中国最大の貿易港として発展していく。外海に接した沿海都市であると同時に、揚子江を始めとする内陸の河川を通じて国内各地へ航行可能であるというその立地は、発展の重要な要因であった。しかし、一八七〇年代から、この上海の地理的な優位性に重要な変化が生じ始める。一八六九年のスエズ運河の開通を一つの契機として、アジア航路へも続々と蒸気船が就航し始め、上海に入港する船舶も、年々大型化していった。それに伴って、大型船が航行・着岸可能な、より深い水深を備えた港湾設備を提供する必要が生じたが、揚子江の最下流部の右岸に合流する支川である黄浦江の水深は、逆に年々浅くなる傾向にあった。揚子江の水の中には大量の細かいシルト（粘土より荒いが砂より細かい泥）が大量に含まれる。黄浦江は勾配が緩やかなので、上げ潮時になると海の水位が高くなって、シルトを大量に含んだ揚子江の水が黄浦江へ逆流する。一方、引き潮の時には流速が遅いためにその砂が沈殿して、川に砂洲を形成する。ジャンク船が主要な交通手段であった一九世紀初頭に、既に難所であると指摘されていた黄浦江の砂洲や浅瀬は、一九世紀中葉のスエズ運河開港後の蒸気船を主体とする海運システムの世界的な広がり、すなわち、交通革命と言われる技術革新の下で、より深刻な問題に転じたのである。

もし、黄浦江での砂の堆積を放置するならば、港への大型船舶の入港は困難となり、開港場としての上海の命運も尽きてしまうかもしれない、という懸念は、上海に進出していた外国商人の間では、一八六〇年代頃から共有されていた。一八七〇年には、より具体的に、喫水（船の底から水面までの距離）二四フィート（約七メートル）の船が航行できるように河川の改修を進めるよう、各国領事を通じて清朝政府の地方官である道台に提案することを、上海商業会議所（Chamber of Commerce）の年次総会で決議した。以後、黄浦江の浚渫《しゅんせつ》（海底・河床などの土砂を、水深を深くするために掘削すること）は、上海が近代的な貿易港として生き残る為の喫緊の課題であるとして、外国商人は上海及び北京の各国外交官を通じて、清朝政府にその工事を働きかけていくことになる。しかし、どこから資金を調達し（資金）、どのような技術を利用して（技術）、誰がこの課題に応えるのか（組織）について、諸外国の商人と中国側官憲との間だけではなく、各国の外国商人・外交団の間でも、合意に達することは難しかった。結果として、実際に、最初に黄浦江の浚渫が開始されたのは、道台への建策が決議されてから三〇年以上経った、一九〇七年のことになる。

東洋文庫のモリソンパンフレット・コレクションには、黄浦浚渫着工までの三〇年余りの間に出された、この事業に関するいくつかの覚書や報告書などの関係資料が収められている。本稿では、これらの資料から、事業の資金・技術・組織をめぐる議論の推移を検討し、それを踏まえて、一九〇七年から一九一〇年に行われた黄浦江の浚渫のあり方、及びその成果と限界に考察を加える。三〇年余りにわたる間の「行われなかったこと」を取り上げるのは、それらが、条約の下で外国に開かれた港とその周辺の地域である開港場を、誰がどのように開発するのか、に関して同時代人が認識していた様々な可能性を、具体的に示しているからである。開港は条約で決定され、また、開港場内の制度に関しては、例えば土地章程のような個別の取り決めが中国と諸外国との間になされた。しかし、それらをどの様に解釈し、運用するのかは、現地の民間人、外交官、官憲及び北京の清朝政府と各国外交団が、個別の問題に対応する過程で交渉を重ねていた。実際に施行されたものは、その過程で提示された複数の選択肢の中の一つである。こうした開港場の制度とその運用をめぐる経済外交の過程に考察を加える上で、黄浦江の浚渫工事をめぐる議論は、有益な一事例となっている。

1　ロバート・ハートとジョージ・スワードの論争（一八七四年）

一九〇一年に"Notes on the proposed conservancy of the River Whangpoo at Shanghai"（Shanghai, 4th April 1901）をイギリス議会に提出した、イギリスの汽船会社であるP＆O社のヘウェット（E. A. Hewett）は、その中に、"Summary of the Steps which have been taken from time to time to have the River

Whangpoo conserved" (Shanghai, 1st August 1899) と題する文章を挿入し、一八六〇年代から一八九〇年代末までの、黄浦江の浚渫工事をめぐる外国商人・外交団と清朝政府との交渉を、上海商業会議所の動向に焦点を当てて、概観している。

それに拠れば、一八六五年の年次総会で、商業会議所は、灯台や浮標などの港の整備に必要な経費として清朝政府によって割り当てられている額は、入港する船舶にかけられるトン税（船舶の純トン数を課税基準として課する税）を遥かに下回っているので、清朝政府に対して、河川浚渫の専門家を任命することの必要を喚起するよう、北京の外交団に求めることを決議した。

しかし、上海港を利用した船舶に掛けられたトン税を、その港湾設備を改修する為に用いる、という計画は、すぐに実行に移されることはなかった。上海港のトン税を黄浦江の浚渫工事を中心とする現地の港湾設備の改修に利用したい、という要請が中国海関（税関）を統括していた総税務司と清朝政府に受け容れられない状況が続いた後、上海の外国商人は、清朝政府に改修を求めるという方針自体を転換し始める。一八七三年一月、商業会議所議長のF・B・ジョンソンは、イギリス公使トマス・ウェードに書簡を送り、もし中国が河川航行の保全という、「すべての文明国が果たすべき責務」を果たさない場合、上海の納税者団体が、その責を負うことを認めるかどうかを尋ねた。同年三月のウェード公使からの返答は、今後二年間余りの間の灯台建設のための支出をするだけで、全てのトン税収入を使い切ることになるであろうという積算と共に、清朝政府が現時点で他の財源を充てることを認めていない以上、河川航行の保全の為にはトン税以外の財源を探す必要があると指摘していた。しかし、同時に、ウェード公使は、近々、清朝政府から黄浦浚渫の可否について通告があるはずなので、商業会議所には暫く行動を起こすことを待つように指示を出した。

一八七四年三月に総税務司ロバート・ハートが発表した覚書、"The Woosung Bar" (Peking, 5th March 1874) は、こうしたトン税の利用と浚渫事業の主体をめぐる議論と交渉の中で出されたものである。ハートは、まず、揚子江は崇明島を挟んで二つの河流を通じて海に流れ込んでいるが、崇明島の南西側を通る河流は、入り江での砂の堆積が進みすぎており、こちらのルートを浚渫しようとするのは、「全くの資金の無駄遣い」であると断じている。従って、「五年後か或いは五〇年後には」揚子江が海に注ぐ河流は、崇明島の北東を通る方のみになると推測する。南西側河流の停滞は、黄浦江の河流も、一旦せき止められる可能性を意味するので、より重要な影響を及ぼすと考えられた。その黄浦江自体、河川の蛇行に伴って水流が右岸と左岸との間に対流を起こす地点で、特に砂が溜まりやすく、河口から五キロメールの地点から上流約二キロメートルにもわたって、島のようになっている大きな砂洲（通称ゴーアイランド）が形成されていた。これら、揚子江河口の自然条件に鑑みれば、黄浦江の未来は芳しいものではない、としている。

同時に、貿易拠点としての上海の優越的な地位についても、ハートは厳しい評価を下している。すなわち、従来は中国への進出で先行した外国商人達の既得権によって、上海に投資が集中しているが、まさに、スエズ運河開通後、蒸気船の就航に伴ってより多くの船が揚子江を遡って中国内陸部に入っていけば、漢口や九江も上海と競争しうることとなる。上海に初期投資をした外国商人達は、黄浦江の閉塞と上海港の没落を問題とするが、中国全体から見れば上海はいくつかの開港場の一つに過ぎず、上海港が使えなくなれば、そこでの貿易は他の港に移るだけであろうと予測する。自然条件と経済要因を考え合わせて、ハートは、たとえ黄浦江の浚渫工事を行ったとしても、「それは上海の最後の日々をやや快適にするに過ぎない」と結んでいる。

こうしたハートの悲観論には、駐上海アメリカ領事ジョージ・スワードが反論を寄せた。その根拠の一つは、自然条件に関するもので、崇明島南西の河流が航行不能になる可能性は極めて低いとしている。しかし、スワードがより多くの紙面を割いて批判したのは、上海はやがて他の開港場に対してその優位性を失っていくであろうという経済面でのハートの見解であった。スワードは、近年竣工したばかりの壮麗な建物が建ち並ぶ外灘を見る限り、世界的に見ても商才に長けた人々が、近い未来に流れを止めてしまう川のほとりや、重要性を失う都市にそれらを建てたとは信じられない、という感想を述べた上で、入出港船舶トン数でも、外国貿易・国内交易でも第一位を占めた上海の地位が一夜にして脅かされるとは考えられず、その上海の利益を向上させるためには、河川の管理、特に黄浦江の砂洲の問題を解決することが不可欠である、と述べている。

貿易拠点としての上海の将来に関する見解の相違と、そこから導かれる浚渫工事の費用対効果に対する評価の違いは、ハートとスワードの論争の焦点である。特に、後者の問題は、トン税の利用をめぐる清朝政府との交渉が難航する中で、ハートにとっては特に重要な懸案事項であったとも考えられる。一方、両者に共通していた問題は、一八七四年の時点で、黄浦江の砂洲の堆積がどれ程深刻なのか、その現状と見通しに関する数値データに基づく分析にはなっていなかったことであった。

2　ヨハニス・デ・レイケの報告（一八九八年）

既に一八七四年三月の時点で、日本から二人のオランダ人技師を招聘し、測量を依頼するという計画が進みつつあったが、外国商人による募金で、それが実現するのは一八七六年のことであった。当時、黄浦江の測量を行ったのは、ジョージ・アーノルド・エッシャーと、ヨハニス・デ・レイケという二人のオランダ人土木技師である。彼らは、一八七四年に明治政府の招聘を受けて来日し、大阪湾を始めとする河川や港湾の改修にあたっていた。日本に集められていた欧米の技術者に関する情報は、隣国の中国に駐在する外交官にも共有されていた。一八七六年四月、前節で見た文書を書いたアメリカ領事スワードと駐上海イギリス領事メドハーストの連名で、黄浦江河口の砂洲の除去計画の作成を依頼する書簡が、駐日オランダ領事コルトハルスを介して、エッシャーに届けられた。明治政府の許可を取った二人は、八月に日本を離れて上海に向かい、三週間余り調査を行い、その結果を報告書として提出した。

しかし、その後も、黄浦江の浚渫工事が開始されることはなかった。一八九〇年代に入って、一八九二年にはフェイマ号が、一八九五年にはノラ号が黄浦江の砂洲で座礁・沈没するということが続くと、商業会議所は危機感を強めた。ここで、二〇年ほど前に、黄浦江の調査を行った一人であるデ・レイケに、再び浚渫計画の立案を依頼することになったのである。

提出された報告書である"Report to the Shanghai General Chamber of Commerce on the Water Approaches to Shanghai"に依れば、一八九七年三月三〇日に上海商業会議所会頭のE・F・アルフォードからデ・レイケに送られてきた書簡には、新たな視察に基づいて、砂洲と河川に関する報告を行い、水深を深くして上海への入港を容易にする手段を提示して欲しい、とあった。デ・

レイケは、黄浦江の水流の潮力が年々弱まっており、自然に任せていたら、河流を改善し、喫水の深い蒸気船の航行を可能にすることも出来なくなるのではないかと懸念していた。黄浦江が航行可能なのは、河口の水位が上昇と下降を繰り返しており、上げ潮と引き潮の波動を作り出していることにあった。しかし、一八九八年の時点で、こうした河流の力は弱まっており、数インチに過ぎないものになっていた。それには、いくつかの原因が関与していた。蘇州河にかかる石橋や、外灘側と浦東側の波止場の増設は、その一つであった。河口の砂洲の形成も同様であり、また、河流の停滞が砂の堆積を促すという悪循環を招いていた。特に、巨大な砂洲であるゴーアイランドの北側を通る船舶水路（Ship Canal）は、砂洲が更に長く大きくなるのに伴って、数年のうちに航行不可能になることが予想された。一方、ゴーアイランド南側を通るジャンク水路（Junk Canal）は、一八八七年から一八九七年の間に河幅が二万五一三〇フィート（七六六〇メートル）から二万六三〇〇フィート（八〇一六メートル）に広がっており、同じ時期の船舶水路が二万四一〇〇フィート（七三四六メートル）から一万七三〇〇フィート（五二七三メートル）へと狭まっているのとは対照的であった。そこで、デ・レイケは、力を分散させること無く、一つの水路で揚子江まで深い水深の深い河流を形成することを建議している。

こうした調査の結果と全般的な所見を踏まえて、一八九八年四月一六日、デ・レイケは、より

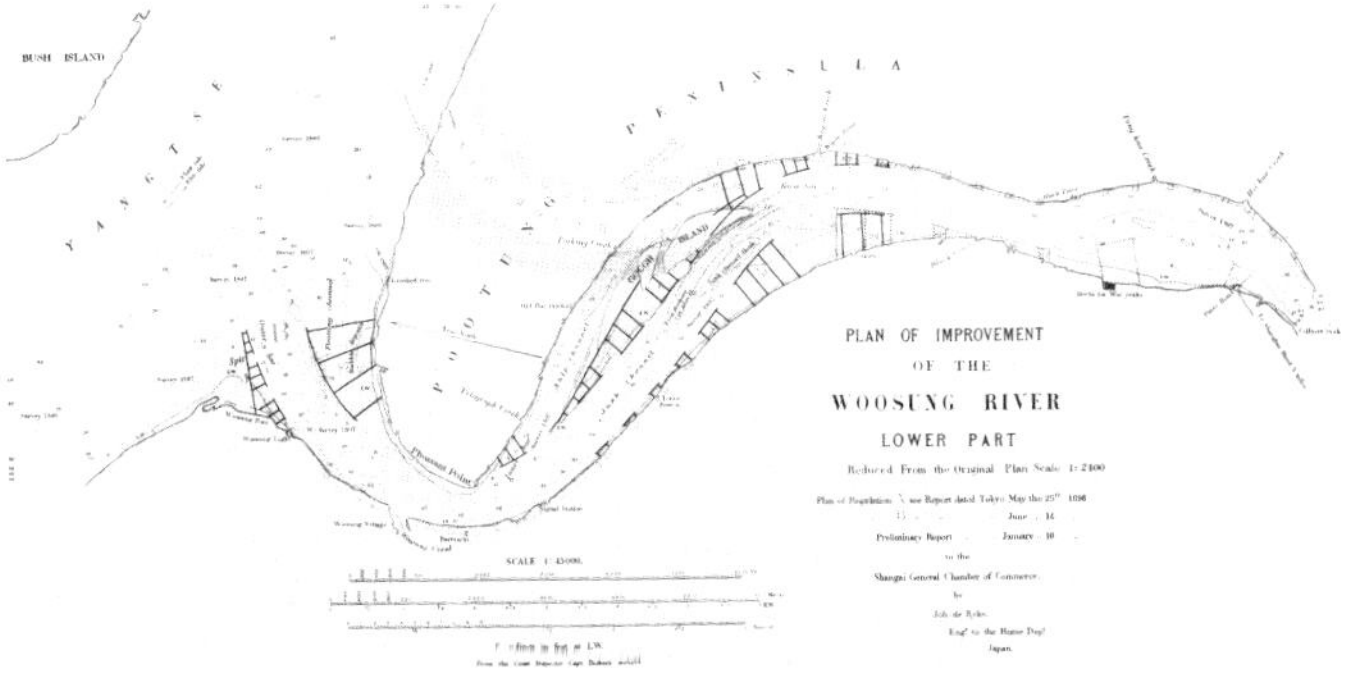

図1　ヨハン・デ・レイケの改修案　プランA及びB　1898年
（De Ryke, Johs. The Improvement of the Lower Hwangpu or Woosung River to the Port Shanghai with Remarks on messrs Franzius and Bate's "International project" of Feb. 1902.）（東洋文庫所蔵 P-III-a-2156）

詳細な改修案を二つ提示した（図1）。一つの案（プランA）は、河幅が広い上流のカジョー・クリークから浦東に新たに放水路を作り、現状よりも下流で揚子江に合流させるというものであった。この案では、河川の長さが短くなることから、河口の潮流の力がより強くなることが予想され、また工事中、船舶水路、ジャンク水路ともに閉鎖する必要がないことから、船舶の航行への影響が少ないなどの利点が考えられた。総工費は三七二万三九八〇両と見積もられている。追って六月に詳細が示されたもう一つの案（プランB）は、川の流れに沿った曲線になるよう、ジャンク水路を掘削して河幅一八〇メートルとし、河口から四キロ上流のピザント・ポイントで従来の河道に合流させた上で、船舶河道を締め切ってしまう、というものであった。河幅を一八〇メートルとしたのは、引き潮の時の流速が上げ潮を上回り、既に堆積していた土砂を揚子江に戻す河幅として、水理学的に計算してのことであった。こちらの案の費用は、二五七万七三〇〇両とされた。

しかし、報告書と計画書が提出された後も、事業をめぐる清朝政府と外交団・外国商人との膠着状態が解決した訳ではなかった。デ・レイケの計画が実行に移されるまでには、更に二〇年余りが経過することになる。

3　E・A・ヘウェットとR・E・ブレドンの論争（一九〇一年）

数十年にわたり膠着していた黄浦江の浚渫工事計画は、一九〇一年に大きく進展する。義和団事変を受けて、同年九月に結ばれた辛丑和約附件第一七条で修治黄浦河道局（Huangpu Conservancy Board）を設立することが決められたのである。これに先立つ、一九〇一年四月に発行されたヘウェットの"Notes on the Proposed Conservancy of the River Whangpoo at Shanghai"と、同年六月にそれを批判したブレドン（R. E. Bredon）の"River Conservancy at Shanghai: Projects, Criticisms, Pros, Cons"からは、浚渫事業の主体と財源をめぐる、外国商人と海関・清朝政府の対立を窺うことができる。

ヘウェットは、イギリスの汽船会社P&O社の社員である。上海商業会議所が黄浦江の浚渫工事の必要性を、各国の領事・外交団に訴える中で、P&O社は中心的な役割を果たしてきており、また、ヘウェット自身も、一八九八年にデ・レイケが黄浦江の調査をした際、案内役を務めている。浚渫工事を行って引き続き上海が繁栄することは、現地の商人や船会社だけではなく、上海と貿易関係を取り結ぶ世界中の商人にも裨益するとする、ヘウェットの議論は、中国の港の中での上海の地位を相対化して捉える、ハートのような見解とは対照的である。

続けて、ヘウェットは、港が条約によって外国貿易に開かれた以上、入港できる水路を維持するのは清朝政府の義務である、と論じる。そうした上で、長年の働きかけにもかかわらず、清朝政府にこの義務と責任を果たさせることは出来なかったことから、これ以上、時間を無駄にして、浚渫工事の着手に遅滞をきたすべきではない、たとえ、清朝皇帝の統治権を犯すことになるとしても、外国勢力によって事業は推進されるべきであるとの主張を展開する。具体的には、外国の船舶、貿易、不動産に課税して資金を調達し、その納税者を代表する委員会を設置して事業を統括することを提案している。この資金調達については、トン税を重視する。一八五八年にイギリスとの間で結ばれた天津条約第二九条で外国船に課税されることになったトン税は、船舶一段に課する税であったとしても、実際には港の灯台を始めとする港湾設備の維持のための税であることが、アメリカとの一八五八年条約第一六条、対英条約第三二条で指摘されていることを挙げる。ヘウェットによれば、この一八五八年の条約は、明らかに一八五四年のイギリス商船条例を雛形にしたもので、そこでは、船舶に課せられる税は一般財源の為のものではないことが示されており、この方針は一八九七年の香港での灯台税の問題への対応を始めとして、イギリス政府によって堅持され、また、各国政府にも概ね承認されている、とされる。

上海港の水路保全を行う主体と財源に関するヘウェットの一連の主張は、一八九九年八月一日付けの覚書"Memorandum on the Proposed Conservancy of the Whangpoo River at Shanghai"で、既に展開されている。黄浦浚渫の重要性を主張しているのは、大型汽船の就航を目論む汽船会社なのではないかとする意見に対して、ヘウェットは確かに過去数年入港する船舶は大型化しているが、まさに上海が海運の中心として機能しようとするならば、それらに対応した設備を整えることが不可欠であるとする。一八九八年には六八七〇隻の船舶が上海に入港し、その総トン数は八二〇万五〇二八トンに上り、四〇万一〇〇〇海関両のトン税を納めた。これらの中で、太平洋横断や欧州航路に就航している船は、喫水二三から二五フィートに達しており、この規模の船が接岸できるようにすることが、強く望まれるとしている。そうした上で、「極東で最も重要な貿易の中心が、水位の上昇のために遠海を航行する大型船に対して閉じられてしまうことを容認してしまうのか、或いは、我々が自らのポケット（財源）から支出をして、上海の貿易港としての命運が尽きてしまうのを防ぐ意義はあるのか？」と問いかけて、商業会議所を中心とする現地の外国商人が主導した浚渫工事の実施を呼びかけている。

こうしたヘウェットの主張は、浚渫の受益者である上海の外国商人が資金を提供すると同時に事業の統括を行うとする一八九九年の上海商業会議所案と呼応するものであった。そこでは、保全委員会の構成は、各国領事からの代表者二名、海関税務司かその指名した代理人、商業会議所の代表二名、年間五万トン以上の船舶が入港している海運会社の代表者二名、及び共同租界、フランス租界の代表も必要であれば入る、とされていた。この委員会は、河川での航行、浚渫と護岸、障害物の除去、など河川改修全般を統括する他、灯台や浮標の管理や汽船の入港に必要な水先案内船への通行証の発行など、それまで海関が管轄していた業務も管理下に置くとされていた。その為の財源としては、外国租界の不動産にかけられる税に特別税を付加する（評価額の一パーセントの一〇分の一）、外国租界から揚子江河口までの間の河岸の土地への付加税、上海に入港する船舶へのトン税への付加税（一トン当たり五銭）、上海海関を通関する商品にかける付加税（一パーセントの一〇分の一）、清朝政府から上海で徴税されるトン税の三割の提供を受ける、との目論見であった。

ヘウェットの文書に対して、一九〇一年六月、海関副総税務司のブレドンは、"River Conservancy at Shanghai: Projects, Criticisms, Pros, Cons"と題する文書を、私的な回覧のためとした上で、American Presbyterian Mission Pressから発行し、厳しい批判を寄せた。本文の冒頭、ブレドンは、

1　保全という言葉は、どのような意味で使われているのか。何が含まれ、その目的は何なのか、どの地域に影響を及ぼすのか。この件に関する経緯は、過去を非難するのではなく、将来の指針となるべく、どの様な示唆を与えることができるのか。

2　どのような改善策が望ましいのか、必要なのか、また可能なのか。

3　そうした策は、誰によって遂行されるべきなのか。

4　改善は誰に寄与し、誰に（もしあるとすれば）害を及ぼすのか。

5　誰が支払うのか。資金はどこから調達するのか。必要な額はいくらか。清朝政府の責任は、十分に理解され、かつ公平に評価されているのか。それについて、外国人は理解しているのか。

6　ヘウェット氏の計画の利点は何か、欠点は何か。正しい原則に基づいてたてられたものか。彼の議論は正しい前提に立ってなされているのか。提案された委員会は機能するであろうか。経済的に、効率的に、公正かつ非政治的に業務を遂行することは可能であろうか。

7　よりよいプランはあるであろうか。なぜ、その方が良いと考えられるのか。

と論点を列挙する。

まず、保全の対象と地域については、現行の上海港は、今後大型化が予想される船舶に、十分な接岸・停泊サービスを提供できない、もし、上海が将来も港として機能し続けようとするならば、黄浦江の改修と浚渫が欠かせないとする。当面、この部分の河川の水流が改善されるならば、揚子江河口部分の砂洲の問題の解決にもつながるであろうとし、それは一般論としても望ましいことであろうと評価する。

それでは、どのような改善案が望ましいのか。一つには、技術的な問題を考慮する必要があり、既に、砂洲の浚渫を部分的に試みても効果が限られていた経緯に鑑みれば、優秀な複数の専門家の意見を徴するべきであると指摘する。また、権利としてどの様な改修を求めることができるのか、という問いについて、ヘウェットは港が外国に対して開かれた以上、入港の水路を確保するのは清朝政府の義務であるとしたのに対して、ブレドンは開港当初には想定されていなかった大型船舶の入港に必要な改修を行う責任はない、法的にも、清朝政府は河川改修事業に資金を投じる義務はない、という見解を示す。中国の主権の一部は、条約によって制限されているが、河川や港の保全に関しての取り決めは為されていない。一方、課税に関しては、中国は外国からの来航者に地方税をかける権限を有してはいない。こうした条件のもとで、資金調達の問題は、政治的になりうるし、浚渫自体を拒絶することが中国の利益にかなう部分もあり、極めて複雑であると指摘する。

浚渫をおこなう主体として、ヘウェットは、清朝政府の統治の責任を指摘しつつも、これまでの怠慢と遅滞に照らして、外国勢力が中心となって新たな委員会を立ち上げることを提言した。ブレドンは、実際には、浚渫をおこなう法的義務もなく、その事業に当てられる余剰資金もなく、また事業から直接的に利益を得る外国人に対して課税の権限を持たない清朝政府が、喫水二一フィート以上の大型船が上海に入港することから何の利益を得るわけでもない多数の中国人から徴税して浚渫をおこなわないとして、非難されるのは不当であると反論する。更に、従来、港湾・水運の管理をおこなってきた政府機関から権限を取り上げて、現地に関する知見もなく、技術者や管理者を含む実務担当者を揃えているわけでもない新たな委員会に浚渫工事を行わせるのは、極めて非効率であると指摘し、これまで通り、海関が統括することの優位性を主張する。海関は清朝政府の制限を受けるのではないか、という疑念に対し、ブレドンは、外国勢力が清朝政府に押し付けた新委員会よりも、海関は明らかに容易に清朝政府の支援を取り付けるであろうと反論している。

浚渫から利益を得る主体として、郵便船会社、大型船を就航させている船会社や、倉庫業者、河岸の土地所有者、上海の海運業や貿易の発展に影響を受ける上海とその近郊の地域経済、人口増加に伴う不動産・地価の上昇から利益をあげることのできる上海の土地所有者、港湾設備の関係者が挙げられる。一方、小型船の所有者にとっては、現状でも十分に接岸・航行可能であり、また、上海港に大型船が直接入港できるようになれば、貨物を積み替えて輸送していたタグボートなどは失業の可能性がある。全体として、将来のために多くの投資をしなければならないという認識が、必ずしも大多数の人々に共有されているわけではないとしている。

それでは、資金をどこから調達するのか。ヘウェットの、トン税は港の整備のために使われるべきであり、清朝政府は不当にそれを流用してきたとする議論に、ブレドンはトン税の来歴を上げて反論する。条約締結前には、中国に来航する外国船は、海関の官憲が積荷と船にそれぞれ課税をおこなっていた。後者の船にかける税については、マストの数や船舶の幅、高さなど、各所で様々な基準に基づいて徴税されたが、トン数が課税の基準とされることはなかった。その結果、船にかける税が不規則に変動することに外国商人は不満を抱いていたことから、条約締結に際して、船にかける税を船のトン数に基づき徴収することとした。こうして、それまで船にかけていた税はトン税となったが、このことは清朝政府にとっては、課税の方法の変更としてのみ理解されている。また、条約も、この税からの収入の使途に関しては、特定してはいない。

上海で収めたトン税を上海港の改修の為に使うべきだとする議論についても、ブレドンは以下のように反論する。すなわち、トン税は、最初に入港した港で納め、以後四ヶ月間の免税証が発行される、上海でトン税を納税する船の最終目的地は他の港である場合も多く、また上海以外の港で納税をおこなってから上海に寄港する船も多い、こうしたトン税と四ヶ月免税証の手続きから見れば、上海で納められたトン税を上海の地方税と看做すのは誤りであるとする。これらの議論に基づいて、トン税は地方ではなく清朝中央政府の財源であるとし、そこから資金を調達する可能性を否定する。

このように上海港の改修は上海での税収で賄うべきとするヘウェットの財政に関する主張を退けるのみならず、ブレドンは、ヘウェットが提案する新委員会に関しても疑問を呈する。その理由としては、新委員会が現行の海関に比肩するような有能なスタッフを揃えることは難しいと考えられること、列強の中国での利権をめぐる対立が深まる中で、各国の利害を調整しながら適切な委員の選出を行うのは難しいこと、外国商人や船会社の関係者が委員会に大きな権限を有すると事業の公平性が損なわれやすいこと、同時に、特定の政府の管轄下にある訳でもない委員会が公共性の高い事業を統括する正当性と責任の所在が不明確であることなどを挙げている。

　上海商業会議所の案とそれを支持するヘウェットの議論を強く否定した上で、ブレドンは自身の改修案を提案する。まず、第一に、外国から優秀な技師を招聘して改修案を提示させることが必要であるとし、高名な欧米の技師の名前が複数既に上がっており、実際に調査をおこなったことのあるデ・レイケを含めて、その中の誰かが上海の外国商人・領事の合意と清朝政府の資金供与を受けられることを期待するとする。技師が提示する改修案を、誰が遂行するのかについては、ブレドンは、外国人が持っている特殊な技能が浚渫事業のために必要とされるならば、それを中国の主権のもとで正当に提供できるのは、清朝政府の外国人被雇用者である中国海関だけであると主張する。浚渫事業を管理する組織として、委員会が必要であるならば、上海港湾長、上海海関税務司、清朝官僚、外国人海運業関係者、上海在住外国人代表の五名によって組織することを提案し、外国商人や外交官の代表は選挙による選出や輪番制にすることで、公平性を保つとした。

　最後に、難問である資金調達問題については、海関が徴税するトン税と埠頭税及び公共租界工部局とフランス租界局が徴税する租界の土地税に清朝政府から提供される資金を加えたものを担保として、委員会が公債を発行することになるであろうとする。上海商業会議所が提案するように、沿岸の土地への課税も有力な手段と考えられるが、その場合、一般の農地と浚渫による交通利便性の向上から利益を受ける土地との課税率を同じにするのは不適当である。この、課税率と受益者との関係は、大型船舶とジャンク船へのトン税追加税を考える場合にも、重要な考慮事項とされている。

文書を結ぶに当たって、ブレドンは、河川の改修は多額の投資を行うに足る有益なものであり、公平な行政と経済的な執行を行い、受益者から適切な徴税を行い、多数かつ多様な直接的間接的利害の衝突を防ぐことで、最良の結果を得られるであろうと述べている。

両者の論争からは、財源と事業を統括する組織をめぐる論戦が、北京及び上海の外国商人及び外交団と、海関を含む清朝政府の間で行われていたことが窺われる。上海港への入港の可否に大きな利害を有する外国商人らが、当事者としてトン税を始めとする現地の財源によって事業を推し進めようとしたのに対し、海関を含む清朝政府は、地方の財源の存在自体を認めず、また、河川港湾の管理を委譲するものでもなかった。

実際の修治黄浦河道局條款に盛り込まれたのは、上海商業会議所の案に近いものであった。すなわち、上海道台、海関税務司、各国領事の代表二名、商人代表二名、上海に年間五万トン以上の船舶を入出港させている船会社の代表二名、公共租界の工部局とフランス租界の公董局からそれぞれ一名、上海に年間二〇万トン以上の船舶が入出港している国の代表一名からなる委員会として修治黄浦河道局が設置されることとなった。その財源としては、公共租界とフランス租界内の土地への地税（〇・一パーセント）、江南製造局総局から港口の龍華港までの間の黄浦江両岸の地税、そして一五〇トン以上の非中国式船舶には一トンあたり五銭、一五〇トン以下のものにはその四分の一を課すとされたトン税が当てられることとなったのである。

4　修治黄浦河道局の改組（一九〇五年九月二八日）と浚渫事業の開始（一九〇七年）

ここまで見てきたように、数十年にわたる交渉の中で、浚渫事業の財源をどのように調達するのか、特にトン税の性格とその使途の正当性を如何に考えるのか、それと関連して、事業を管轄する主体を外国商人・外交官を主とするのか、清朝政府・海関とするのか、に関する様々な見解が交わされ、議論が深められてきた。一九〇五年以降、実際に行われた浚渫事業のあり方は、この交渉の系譜の中に位置づけられる。

辛丑和約によって、修治黄浦河道局の設置と事業の為の予算措置が決定されたのちも、それらが実行に移されることはなかった。原因は、清朝政府が官員を同局に派遣しなかったことにある。この判断の背景には、前節でも見た、海関関係者の意向も関係していたと考えられる。一九〇二年、江漢関税務司ヒッピスレイ（Alfred E. Hippisley／賀璧理）は、両江総督劉坤一《りゅうこんいつ》に、黄浦江の浚渫に関する覚書を送った。ヒッピスレイは、一八五〇年代以来、黄浦江の河幅が年々狭まり、また、水深が浅くなっていく中で、外国商人が貿易港としての上海の将来を危惧し、商業会議所が河川改修を請願してきていたことを報告し、こうした来歴に鑑みれば、和約に各国外交団が会議所の要求を組み込んだことも当然のことであったとしている。同時に、この辛丑和約は、中国海関がこれまで管轄してきた灯台管理や湾岸警備などを新たに外国勢力が設立する組織に任せることにするのみならず、中国人の田地の所有者もその組織が河川改修の目的で徴収する税を納付しなければならないなど、中国に不利なところが大きく、必ずしも中国の主権を明らかに侵しているとは言えないまでも、中国の貿易センターの港と河川の自主権を外国人に譲り渡していると懸念されることから、清朝政府は、関連条項の改訂に努めるべきだと論じた。結局、両江総督劉坤一は、一年間中国官憲派遣を全く拒むことで、辛丑和約附件改訂に向けた時間稼ぎを行った。後任の両江総督張之洞《ちょうしどう》は、一九〇三年に外務部に送った電報の中で、更に三年の延期によって、条約内の規約に沿って改訂することを目論んでいた。

最終的に、一九〇五年九月二七日に締結された、「改訂修治黄浦河道條款」は、清朝政府による財源の供出と修治黄浦河道局の組織運営を定めた。改訂後の条項では、上海道台と海関税務司が、黄浦江の河道と呉淞口の砂洲の工事を管轄すること（第一条）、本条約締結から三ヶ月以内に、清朝政府は河川管理を知悉した技師を任命し、辛丑和約に関係した各国の公使の承認を受けること、技師の変更等に際しても各国の承認を受けること（第二条）、業者の選択や資材の購入は公共入札により、最適なものを選ぶこと（第三条）、三ヶ月以内に工程と費用の詳細について、各国の上海領事に送付し検査をうけること（第四条）、埠頭の新築やタグボートの停泊などは、全て上海道台と税務司の許可をうけてから行うこと（第五条）、船舶の停泊に要する器具については、全て上海道台と税務司が取捨選択の権限を有し、また公共停泊所の設置に関しても同様とする（第六条）、浚渫の全ての工程は、上海道台と税務司の許可を得てから開始される（第七条）、黄浦江改善及び保全とそれに関連する工事で、外国租界以外の土地を利用しなければならない場合は、上海道台と税務司が買収使用の権限を有する（第八条）、河川工事の全ての費用は中国国家が全て一律に供出し、沿岸の土地や往来の船舶に課税することはない（第九条）、中国は四川省と江蘇省徐州府の国産アヘン税の全額を河川工事費用の担保とする。辛丑和約では毎年四六万海関両を二〇年にわたって拠出するとしていたが、工事開始後数年後でも、資材機材を購入する費用が巨額にのぼることも考えられる。中国は、幾らかを公債を発行して調達することとする。借款の元本は、各省指定した国産アヘン税を抵当として毎年償還し、総額四六万海関両を越えないこととする。各省で管轄する官員は、この額を各月均分して、上海道台と税務司に送る。税収が支出を賄うのに足りないようであれば、中国政府が他の収入から所定額を補う（第一〇条）、工事が順調におこなわれない場合は、各国領事団は上海道台と税務司を通じて技師に改良を求めることが出来る。なお、事態が好転しない場合は、各国領事は上海道台と税務司に技師を退職させ新たに選任しなおすよう、求めることもできる。また、本条約第二項にあるように（技師の選任を）上海道台と税務司が進めない場合は、各国領事は状況を北京駐在の公使に説明し、審議を求める（第一一条）、この議定が調印された後に、辛丑和約第一一条第二段及び附件第一七はその効力を暫時停止することになる。しかし、中国がこの新しい和約にあるように毎年必要な費用を供出することができず、工事に支障や遺漏が生じるようなことがあれば、辛丑和約條款及び附件一七が再び施行されることとする（第一二条）とされた。資金の供与をすることを条件に、上海道台と外国人税務司が主体となって事業を推進する体制が、外国領事・公使の監督を条件として、認められたこととなる。

資金と組織を清朝政府が統括する一方、技術の提供には、外国商人と外交団の意向が大きく反映された。駐北京オランダ大使ファン・シッタースから、オランダに帰国していたデ・レイケのもとに届いた一九〇四年一二月一七日付の手紙には、黄浦江の浚渫問題が進捗しつつあり、工事を遂行する技師は関係国大使の過半数の同意を得て清朝政府が決定することになっているとした上で、前節で見た海関副総税務司のブレドンが、デ・レイケをすぐ招くようにと強力に推しているると書かれていた。その後数ヶ月にわたり手紙のやり取りを続けた後、一九〇五年九月二七日の和約の締結と併せて技師への就任の打診が、オランダ外務省から伝えられた。デ・レイケはこれに対して一一月に応諾の返事をし、一九〇六年二月に上海に着任した。

浚渫は一八九八年にデ・レイケが提出した二つのプランの内、プランB、すなわちジャンク水路を掘削して河幅を広げ、従来の河道に合流させた上で、船舶水路を締め切ってしまう、という案に沿って行われた。もう一つの、上流のカジョー・クリークから浦東に新たに放水路を作り、現状よりも下流で揚子江に合流させるという案（プランA）は、そのルートでは外国租界の港湾設備の機能が失われるということもあり、選択されなかった。一九〇七年一〇月には、オランダ製の三隻の掘削船が上海に到着し、日夜の操業を開始した。その主要な達成は、一九〇九年五月五日に、一八七〇年代以来の課題とされた水深の目標値であった二四フィートにほぼ等しい喫水二三フィート（六・七メートル）のイギリス軍艦アストレア（Astrea）が、ジャンク水道の航行に成功したことである。これを記念して、ジャンク水路は以後アストレア水道（Astrea Channel）と称されて利用されることとなる。一方、一九〇九年九月に従来の汽船水路は封鎖された。

しかし、それ以上の浚渫工事は、資金面での困難から着手することが難しかった。一九〇九年一月に領事団が修治黄浦河道局に問い合わせたところ、当初の予算（四六万海関両×二〇年＝九二〇万海関両＝一〇二四万八八〇〇上海両）に対して、一九〇八年末の時点で既に支出が八八〇万八七三〇・九二上海両に上り（諸経費：二九一万一六五五・七〇上海両、借入金の利子：三三四万三四・七四上海両、浚渫会社への支払い：一三七万五〇〇〇上海両、防波堤の建設費：一一八万二〇三〇上海両）、ほぼ二年分の費用に当たる一四四万六九・〇八上海両しか残っていないことが明らかになった。一九〇六年の支出が九万八七九六・九二海関両であったのに対し、掘削船を購入し、実際に工事が始まった一九〇七年から一九〇八年にかけて、それぞれ四七万三七八四海関両、二〇四万一一八二・四五海関両と、大きく経費がかさんだ事が、その原因として挙げられた。修治黄浦河道局から、予算の不足について質問を受けたデ・レイケは、九二〇万海関両では、十分な浚渫を行うには足りず、この誰がどのような根拠に基づいてこの予算額を算出したのかについては了解していない、今後、華界の護岸や、河川に木材を浮かべている商人たちへ補償、船上生活者の立ち退きなどの費用を含めて、より上流の地域の浚渫にかかる費用を、現時点で算出することは不可能である旨、返答した。これに対し、領事団は、予算の作成には、一八九八年にデ・レイケが出したプランBの費用概算が参考にされているものの、以後二〇年余りの間に黄浦江の水流や砂洲の状態も変化していることを考え合わせれば、デ・レイケの責を問うことは出来ないと理解を示した。同年四月、デ・レイケは、以後五年間に亘って追加の作業を行う場合の予算を提出し、続いて八月にはイギリス領事ウォレンの要請を受けて、それに基づく年次予算を報告した。ウォレンが、デ・レイケが算出した工事費用に、作業員への給料等の費用を加え、また、修治黄浦河道局の純収入を差し引いて算出した必要経費は、一九〇九年六月から一九一四年六月までの五年間で、五一四万四五一五上海両に上ることが分かった。ウォレンは、五二五万上海両を、一五〇万上海両（一九一〇年一月一日）、一五〇万上海両（一九一一年四月一日）、一一二万五〇〇〇上海両（一九一二年六月一日）、一一二万五〇〇〇上海両（一九一三年一〇月一日）の四回に分けて償還する公債か、あるいは何らかの借款で調達することを提案している。しかし、ウォレンの案を含めて、他の方法でも追加の財源を得ることは難しかった。浚渫事業資金の担保として指定されていた、四川省と江蘇省徐州府の国産アヘン税は、まさに浚渫事業が開始される直前の一九〇六年頃から清朝政府がアヘンの消費自体の鎮圧を進めており、増額を見込むことができなかった。また、改訂條款では、工事の完遂に必要な費用に不足が生じた場合は、清朝政府が補填することになっていたが、上海道台と両江総督は、追加の他の財源を提供することを拒否した。追加の資金供与をめぐる清朝政府と外交団との交渉が難航する中で、一九一〇年五月に、デ・レイケは解雇され、同年一二月に修治黄浦河道局は解散した。

第一次黄江浦浚渫は、ジャンク水路の拡張と河流の一本化という最低限の工事には成功したものの、上流地区を含めた全体的な改修には至らずに、終了することとなったのである。

おわりに

中国海関副総税務司ブレドンは、本稿第三節で取り上げた黄浦浚渫をめぐる文書の中で、中国が自ら望んだのではなく、外国の要請に応じて上海を開いたことを考えるならば、条約で定められた開港とは、「上海はお前達外国人に開かれた。今後、せいぜい、その価値を利用するがよい」というような大まかな意味合いしかない、とし、「それを越えては、双方の交渉次第なのである」と指摘している。実際に、黄浦江の浚渫を、誰が行うのかについては、資金調達の仕方と関係して、数十年に亘る交渉が重ねられることとなった。開港後の開発を、誰が如何に進めるのかについて、条約は全てを具体的に規定してはなかった。条約による開港は、港を海運や貿易の拠点としてどのように運営していくのかに関するプロセスの起点に過ぎなかったとも捉えられる。

一方では、黄浦江の浚渫と上海港の管理は、現地の当事者が現地で税を徴収し、施行するべきだとする上海商業会議所を中心とする外国商人の意見があり、彼らは、上海の領事から北京の外交団を介して、清朝政府に働きかけていった。しかし、外国商人が挙げるトン税を始めとする税は、果たして現地の税なのか、については、清朝政府にとってのトン税が、外国商人がモデルとする港湾設備の維持を目的とした税ではないという歴史的経緯や、上海が砂洲の形成によって衰退しても、他の開港場がその役割を代替することが予想されるとき、トン税を上海港の維持という特定の目的に利用することの是非をめぐって、反論を受けることとなる。黄浦江の浚渫は中国と外国との外交交渉であると同時に、清朝の中央政府・地方政府それぞれの財政問題とも大きく関わっていたのである。

こうした議論と交渉の中で、海関が大きな役割を果たしていたことが窺われる。上海の地位は相対的なものであるとする見解は、中国貿易全体を管轄する海関という組織のあり方とも関係して、総税務司ハート以来、海関関係者達が主張してきたものであった。また、誰がどのように浚渫事業の資金を調達し提供するのかは、事業を統括する主体と連動するとする論理も、海関の役割を守る為に利用されている。清朝は、海関の意見を傾聴して、中国が外国からの資金供与を拒む理由として、主権の侵害のみならず、条約では必ずしも明確に制定されていない開港場外の河川の管轄権を喪失することが挙げており、また、実際に、修治黄浦河道局では、海関税務司が上海道台と並んで事業を統括し、併せて、港湾設備や入出港船の管理を引き続き行うこととなった。

ブレドンを始めとする海関関係者は、デ・レイケの起用にみられるように、東アジアの外国外交団ネットワークを利用して、ヨーロッパの先進技術・技術者を取り入れることには賛成したものの、外国商人が上海港と黄浦江の管理の主導権を握るのを受け容れることはなかった。

一九〇七年から一九一〇年にかけて行われた黄浦浚渫では、財源や組織をめぐるいくつかの選択肢の中から、清朝政府の財源の一部を振り分けて、政府官憲が統括し、外国の技術を取り入れる、という形で事業が行われ、ジャンク水路の開通という技術的な達成の一方、計画途中での財源の不足という政治・財政問題に起因する限界を示した。それは、中国と外国、現地と中央、民間と官僚が交差するなかで、開港場をどのように管理し機能させるべきなのかを探る過程で出された結果の一つであり、模索自体は清朝が終焉を迎える一九一一年以降も続くこととなる。モリソンが収集した黄浦浚渫に関する一群の文書は、こうしたプロセスとしての開港の位相を理解する上で、極めて示唆に富む。

アヘン問題とモリソン

村上　衛

はじめに

モリソンパンフレットの中には、アヘン問題に関わるパンフレットが二〇〇点余り残されている。その半数近くが二〇世紀初頭の反アヘン運動に関わるものである。(1) 通常、「アヘン問題」と聞くと、アヘン戦争を想起するだろう。イギリスが中国にインド産アヘンを輸出したのに対して、中国政府がアヘン貿易を取り締まったためにアヘン戦争（一八四〇〜一八四二年）が勃発、中国は敗北して南京条約を結び開港させられたという筋書きは高校の世界史教科書にも書かれ、よく知られている。その後、第二次アヘン戦争ともいわれるアロー戦争（一八五六〜一八六〇年）時期に、アヘン貿易が公認されたことも教科書に記載されているが、アロー戦争以後にアヘンが中国で引き起こした問題については一般にはほとんど知られていない。イギリスにおけるアヘン吸食については小説などを通じて知ることはあるかもしれないが、イギリスにおける反アヘン運動が日本で語られることはほとんどない。

しかし、モリソンがアヘン問題に関わったのはアヘン戦争から半世紀以上を経た二〇世紀初頭のことである。中国における「アヘン問題」はアヘン戦争で終わったわけではない。中国におけるアヘンの蔓延は一九世紀後半以降にいっそう深刻になり、二〇世紀初頭にアヘン消費はピークに達しつつあった。しかも、二〇世紀初頭の中国におけるアヘン問題の主役はインド産アヘンではなく中国産アヘンであった。

また、イギリスにおけるアヘンに対する反対運動はアヘン戦争の頃ではなく、むしろその後の一八七〇年代に高潮を迎え、これが中国において禁煙運動（アヘン禁止運動）が始まる契機となった。そのイギリスにおける反アヘン運動の背景にはイギリスにおける広範なアヘン消費があった。

アヘン問題とモリソンおよびモリソンパンフレットの関係について語るためには、まずこのような、従来あまり知られていない「アヘン問題」の歴史から説き起こす必要がある。そこでまず一九世紀中葉から二〇世紀初頭にかけての中国におけるアヘン貿易およびアヘン生産についてみていきたい。次いでイギリス国内のアヘン消費およびアヘン反対運動を概観したうえで、最後にモリソンの関与した二〇世紀初頭の中国における禁煙運動を取り上げ、以上の「アヘン問題」の展開とモリソンパンフレットとの関係をみていくこととする。

1　深刻化する中国のアヘン問題

❖アヘン貿易の胎動

アヘンはケシの花の果実から出る液が原料であり、古代から薬用に使用されてきた。一方、キセルを使用した吸飲（吸煙）は一七世紀、オランダ東インド会社支配下のジャワ島で始まったといわれる。その後、オランダ東インド会社の拠点があった台湾を経由し、アヘン吸飲の風習は中国に伝わった。もっとも、中国におけるアヘン吸飲の大幅な拡大は、イギリス東インド会社が専売制度で生産・流通を統制していたベンガル・アヘンを中国に輸入し始めた、一八世紀末以降の事である。

インド産アヘンは当初は東インド会社、次いでジャーディン・マセソン商会（Jardine, Matheson & Co.）をはじめとする地方貿易商人（country trader）と呼ばれたアジア間貿易を行う商人たちによってインドから中国に持ち込まれた。主たるアヘン取引の場所は、マカオや広州郊外の黄埔《こうほ》、そして珠江《しゅこう》河口域であった。さらに、福建人や広東人の沿海の貿易ルートを利用しアヘン貿易は北上し、広東・福建省沿岸はもちろん、上海などの長江下流域、天津などの華北、東北沿海にまで持ち込まれた。かかる沿海地域から内陸部へとアヘンの消費は拡大していた。

このアヘン貿易が清朝に注目されたのは、アヘンが中国人の健康を蝕んだからではない。むしろ、財政問題であった(2)。当時、中国には銀と銅銭の二種類の貨幣があった。税金は銀建てで定められていたが、農民は普段は銅銭を使用し、銅銭で納税していた。したがって、アヘンの代価として中国から銀が流出して銀不足になり、銀の価値が高まると、銅銭で支払う農民は増税になってしまう。そのため、税金を支払えない人々が増えて、税収不足につながり、清朝にとって深刻な事態に至った。そこで、清朝は銀の流出の主因と考えられたアヘン貿易に着目し、その厳しい取り締まりの方針を決め、欽差大臣として林則徐《りんそくじょ》をアヘン貿易の中心地である広東に派遣した。林は広州の外国人居留地域を閉鎖する強硬策をとって外国人商人所有のアヘンを没収・廃棄した。これがアヘン戦争の直接の契機となる。

❖外国産アヘン貿易の拡大と課税

アヘン戦争の結果結ばれた南京条約によって五港は開港したが、アヘン貿易は合法化されていなかった。しかし、アヘンは外国人商人達によって開港場からやや離れた海域に大規模に持ち込まれ、中国のアヘン輸入量は急増した。結果的に、中国からの銀の流出も急増して中国全体が不景気に陥り、それは太平天国の乱をはじめとする一九世紀半ばの大動乱の一因となる。

一方、清朝地方官側は拡大するアヘン貿易を黙認するだけでなく、財源と考えるようになる。その背景には一九世紀半ばの諸反乱によって清朝が危機に陥ったことがある。反乱鎮圧のために各地方で地元のエリートを中心とした武装組織である団練《だんれん》・郷勇《きょうゆう》が編制されたが、その軍事費は各地方が自前で調達する必要があった。そこで釐金《りきん》をはじめとする商品流通への課税が行われるようになった。アヘンも例外ではなく、例えば福建省では軍事費捻出のために一八五七年に外国産アヘンに対する課税が始まった。(3) これは一八五八年一一月の天津条約の附属税則第五条でアヘン貿易が合法化されるのに先立っていた。一八六〇年代に主な反乱が鎮圧された後も、軍隊の近代化やその他の様々な近代化事業のために地方財政は火の車であったから、アヘンには釐金だけではなく、様々な名目の附加税が課せられていく。結果としてアヘン貿易は省レベルから県レベルに至るまでの地方財政と深く結びついた。さらにアヘン貿易の合法化にともなう海関（税関）

におけるアヘンへの関税徴収によって、外国産アヘン貿易は中央政府の財政にも寄与していく。

アロー戦争を経てアヘン貿易が合法化され、また華北・東北の諸港が開港すると、一八六〇年代にインド産アヘン、とりわけ中央インドで生産されるマルワ・アヘンの輸入が急増し、華北・東北におけるアヘン市場を拡大させた。(4)このアヘン貿易の拡大を担っていったのはサスーン一族などのユダヤ系やインド系、華人系の商人であり、従来アヘン貿易を担ってきたジャーディン・マセソン商会などのイギリス系商社はアヘン貿易から撤退していった。

一八八五年になると、芝罘《チーフ》条約追加条項が調印され、一八八七年に発効した。この条項に基づき外国産アヘンに対する関税（一ピクルあたり三〇両）と条約釐金（一ピクルあたり八〇両）は海関（税関）で一括して徴収されるようになった。これによって中央政府は税収を確保したが、地方政府は外国産アヘンに対する釐金とともに徴収していた様々な附加税の税収を失うことになった。そこで財源として中国産アヘンが一層重要になった。

❖中国産アヘンによる輸入代替と税収

中国における吸飲用のアヘン生産は一九世紀前半には始まっていたが、生産が拡大するのは一九世紀後半である。産地は中国全土に広がったが、主たる生産地は四川、雲南、貴州などの西南諸省であり、中国産アヘン全体の五〜六割が生産された。その他には山西、陝西、甘粛といった西北諸省で中国全体の二割が生産され、沿海部での生産は全体の一割程度であった。したがって中国のアヘン主産地は、開港場貿易が発展している沿海部や長江流域から離れて、経済的に取り残されていた内陸地域であった。こうした経済的な後進地域においてアヘンは農民に貴重な現金収入の拡大の機会を与えた。アヘンの多くは沿海・長江沿いで消費されたから、アヘンの生産・流通・消費は沿海・長江沿いの地域から内陸部への富の移転の意味合いをもっていた。(5)

中国産アヘンは安価であるために比較的低所得者から普及し始め、一八六〇年代以降には、華北・東北からマルワ・アヘンを駆逐していく。一八七〇年代後半には中国産アヘン生産量は輸入量を上回るようになり、一八八〇年代には、競争が激化してアヘン価格も大幅に下落、一八八〇年代後半には外国産アヘンの輸入が減少し始め、輸入代替は本格化する。モリソンがアヘン問題に直接関わるようになる二〇世紀初頭の一九〇五〜一九〇六年頃、中国のアヘン生産量は中国政府側の推計で一四万六〇〇〇ピクル、海関側の推計では五八万二〇〇〇ピクルともいわれる膨大な量に達していた。当時、中国の外国産アヘン輸入量は五万二〇〇〇〜五万四〇〇〇ピクルほどであったから、その三〜一〇倍にのぼる中国産アヘンが生産されていたのである。(6)

中国産アヘンは清朝の地方政府、後には中央政府の重要な財源となった。(7) まず、地方財政であるが、一八五八年にアヘン貿易が合法化されると、中国産アヘンに対する課税も始まった。生産地である雲南では一八五九年、陝西・山西では一八六〇年には中国産アヘンへの課税が始まっている。一八七九年までには沿海や長江沿いの開港場にも課税は拡大、一八八六年前後には大部分の省で中国産アヘンへの税が課せられていた。生産地ではケシの栽培地に対して土地税が課せられ、四川では穀物を栽培する土地の四倍の税が課せられた。また、流通過程への課税はもちろん、アヘンを吸飲する場所である煙館などに対する課税など、消費地における課税もみられた。こうして中国産アヘンは特に税収不足の内陸部の地方財政にとって貴重な財源となった。この中国産アヘンの課税はあまりにも複雑になったので、一八九〇年代以降、しばしば整理が図られるが、これは省から県に至る各レベルの地方政府が様々な財源をアヘンに依存していたことを示している。

しかも、中国産アヘンは地方財政にのみ貢献したのではない。義和団事件後になるとその賠償金支払いのために中国産アヘンに対する課税は増額されており、一九〇四〜一九〇六年には一ピクルあたり一一五両となった。その結果、一ピクルあたり一一〇両の外国産アヘンに対する課税を上回るに至った。かくして中国産アヘンは中央財政にとっても重要な財源となったのである。

2　反アヘン運動の展開とモリソン

❖イギリスにおけるアヘン消費

一方のイギリス国内のアヘン消費はどのように展開したのだろうか。コナン・ドイルのシャーロック・ホームズシリーズに親しんだ方であれば、アヘンがイギリスでも消費されていたことはよくご存じだろう。一八九一年一二月に公刊された「唇の曲がった男」にはワトスンが訪れたロンドンのシティの東側にあるアヘン窟の様子が描写されている。そのアヘン窟にいたのが変装したホームズであった。ホームズはアヘンこそやっていなかったようであるが、コカイン中毒であり、アヘンから抽出されたモルヒネにも手をつけていたから、麻薬常習者といえる。ここからも分かるように、一九世紀のイギリスにおいてアヘンを含む麻薬は身近なものであった。

そもそも西欧においてアヘンは一六世紀までには薬物として確立し、イギリスにおいても薬用に使用されるようになった。一八～一九世紀半ばのイギリスでは、ローダナムといわれるアヘンをアルコールに溶かした飲み物が薬として広く使用されていた。中国とは異なりイギリスにはインド産ではなく、トルコ産のアヘンが輸入され、一八二七～一八六九年にその割合は八〇～九〇パーセントに及んだ。アヘンの販売は自由で、一八五〇年代にアヘンを販売していた売店は一万六〇〇〇～二万六〇〇〇に及んだが、パブなどを含むそれ以外の多くの場所でアヘンを入手することができた。したがってアヘンの入手は容易であり、その消費は労働者階級を含む低所得者層にも広まっていた。アヘンを過剰に摂取した場合の中毒については認識されていたが、大きな問題とは考えられず、アヘンの害はアルコールやニコチンと比較して深刻なものとはとらえられていなかった。それゆえ、イギリスにおいても一八六八年の薬事法制定まで、アヘンは全く規制されず、一九世紀後半のアヘンの消費水準は一九世紀前半を上回っていた。(8) このような、イギリスにおけるアヘン消費を前提にして、反アヘン運動やアヘンに対する認識を考える必要がある。

❖両アヘン戦争時のアヘン貿易反対運動

一八三〇年代以降、官僚や医者などの専門業者はイギリス国内におけるアヘンの使用を次第に懸念するようになった。もっとも、最初にイギリス議会で関心を集めたのはインド－中国間のアヘン貿易であった。例えばアヘン戦争開始時に、中国への遠征軍派遣の特別財政支出をめぐりイギリス下院で審議が行われたが、その際にグラッドストンがその非道徳性を指摘して強く反対したことはよく知られている。さらに保守党で人道主義者であったアシュリ卿（Lord Ashley）は、一八四三年四月に下院でアヘン貿易の継続に反対の動議を提出したが、首相のピールが中英の交渉を妨げるとして説得し、動議は撤回されている。その後、アロー戦争が勃発する中でシャフツベリ卿（Lord Shaftesbury：元アシュリ卿）は一八五七年に上院でもアヘン貿易が合法性についての議論を提起したが、政府に反論されて退けられている。これは、この時期にはまだアヘン貿易反対の声が議員達の間で高まっていなかったからである。(9)

アヘン戦争時にはクェーカーや福音主義派などの非国教徒が主導するアヘン貿易反対活動も行われた。非国教徒はもともと一八世紀末〜一九世紀初頭の奴隷貿易反対運動においても大きな役割を果たしており、アヘン貿易反対運動もその流れの中に位置づけることができる。しかし、一八四〇〜一八五〇年代に組織された反アヘン団体は短命に終わり、社会に対する影響も少なかった。一八五八年にはクェーカーが首相のダービー卿に対してアヘン貿易の合法化に反対する請願を行ったが、先述のように一八五八年の天津条約の附属税則でアヘン貿易が合法化され、アヘン貿易反対の根拠が失われてしまった。結果的に、アロー戦争後の一〇年間、イギリスにおけるアヘン貿易反対運動は停止してしまうことになる。では一八七〇年代にアヘン貿易反対を含む反アヘン運動はいかにして拡大したのだろうか。

❖反アヘン運動拡大の背景

イギリスにおけるアヘンに対する反対運動が高まっていった背景については、以下のように考えられている。(10)まず、一九世紀中葉に医療や公衆衛生の進歩により、薬物およびその副作用や中毒性に就いての知識が深まったことがある。同時期に医者や薬剤師という職業やその団体が確立すると、こうした医者や薬剤師などの専門家による薬物使用の管理が望まれるようになり、一八六八年には薬事法が成立し、それまで野放しだった危険薬物の管理が始まった。

第二には先述のクェーカーや福音主義派を中心とするキリスト教関係者の運動がある。アロー戦争以後、中国でのキリスト教の布教が認められると、布教活動は拡大した。そこで中国で活動する宣教師達は、西洋人がアヘン貿易に関わることで教会の評判を落とし布教の妨げになっていると考えるようになった。そのため彼等はアヘンのもたらす害についての啓蒙運動を始めた。

第三には、一九世紀後半における蒸気船定期航路の開設をはじめとする交通革命により、中国からの華人の移民が増大する中で、アヘン吸飲の風習が移民先にも拡大したことがある。とりわけアメリカにおいては人種的な偏見とも絡み合いつつ、移民の中国人労働者からアヘン吸飲の習慣が拡大していくことが懸念された。

さらに経済的には、インドにおいては一九世紀後半以降に工業化しつつあったヨーロッパや日本の影響もあり、綿花やジュート原料、油性種子などの生産が増大しており、アヘンの重要性は相対的に低下していた。しかも、中国産アヘンの生産増大により、インド財政におけるインド産アヘンの重要性の低下は明らかになりつつあった。また、先述のようにイギリス系商社はアヘン貿易から撤退しつつあったうえ、マンチェスターの綿業関係者はアヘン貿易の停止は、中国市場の開拓につながるとみており、またインドについてはアヘン生産地よりも原綿供給地として期待していた。こうして、イギリス経済界においても、アヘン貿易反対運動を支持する傾向も生まれつつあった。

❖反アヘン運動の高まりとSSOTの活動

以上の背景のもと、一八七〇年代になると反アヘン運動は再び高まりをみせる。(11) 一八七四年にはクェーカーの実業家の支援を受け、バーミンガムを拠点とする反アヘン活動家は「アヘン貿易禁止協会」(The Anglo-Oriental Society for the Suppression of the Opium Trade)を組織し、この協会はロンドンに移転して全国組織となった。このSSOTの会長にはシャフツベリ卿が就任した。SSOTは『中国の友』(*Friend of China*)という機関誌(図1)や各種パンフレットの発行、さらには各地の集会・講演会の主催などを通じたアヘンの害を知らしめる啓蒙活動を主として行った。その際

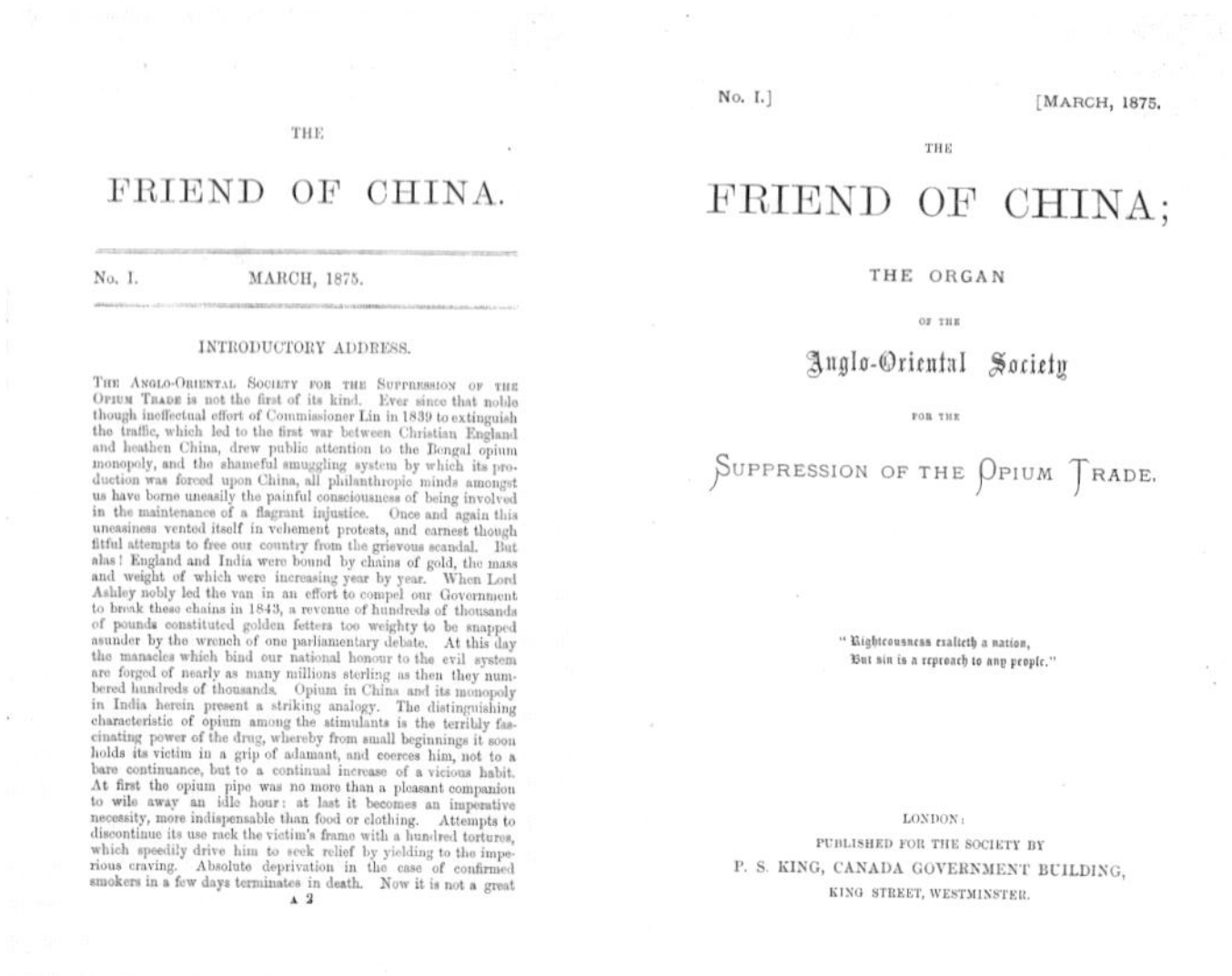
THE

FRIEND OF CHINA.

No. I. MARCH, 1875.

INTRODUCTORY ADDRESS.

THE ANGLO-ORIENTAL SOCIETY FOR THE SUPPRESSION OF THE OPIUM TRADE is not the first of its kind. Ever since that noble though ineffectual effort of Commissioner Lin in 1839 to extinguish the traffic, which led to the first war between Christian England and heathen China, drew public attention to the Bengal opium monopoly, and the shameful smuggling system by which its production was forced upon China, all philanthropic minds amongst us have borne uneasily the painful consciousness of being involved in the maintenance of a flagrant injustice. Once and again this uneasiness vented itself in vehement protests, and earnest though fitful attempts to free our country from the grievous scandal. But alas! England and India were bound by chains of gold, the mass and weight of which were increasing year by year. When Lord Ashley nobly led the van in an effort to compel our Government to break these chains in 1843, a revenue of hundreds of thousands of pounds constituted golden fetters too weighty to be snapped asunder by the wrench of one parliamentary debate. At this day the manacles which bind our national honour to the evil system are forged of nearly as many millions sterling as then they numbered hundreds of thousands. Opium in China and its monopoly in India herein present a striking analogy. The distinguishing characteristic of opium among the stimulants is the terribly fascinating power of the drug, whereby from small beginnings it soon holds its victim in a grip of adamant, and coerces him, not to a bare continuance, but to a continual increase of a vicious habit. At first the opium pipe was no more than a pleasant companion to wile away an idle hour: at last it becomes an imperative necessity, more indispensable than food or clothing. Attempts to discontinue its use rack the victim's frame with a hundred tortures, which speedily drive him to seek relief by yielding to the imperious craving. Absolute deprivation in the case of confirmed smokers in a few days terminates in death. Now it is not a great

A 2

No. I.] [MARCH, 1875.

THE

FRIEND OF CHINA;

THE ORGAN

OF THE

Anglo-Oriental Society

FOR THE

SUPPRESSION OF THE OPIUM TRADE.

"Righteousness exalteth a nation,
But sin is a reproach to any people."

LONDON:
PUBLISHED FOR THE SOCIETY BY
P. S. KING, CANADA GOVERNMENT BUILDING,
KING STREET, WESTMINSTER.

図1　『中国の友』(*Friend of China*)第1号、1875年3月
（東洋文庫所蔵 XVIII-Bb-75）

に、対象としたのは労働者を含めた大衆よりも、エリート層であった。また政治的には、自由党を通じて議会への働きかけをおこなった。

ＳＳＯＴの目標はイギリス政府が軍事的・外交的圧力をかけて中国にアヘンを輸入させることをやめさせることであった。そのため、ＳＳＯＴは中国におけるアヘンの害は強調した。一方で、中国におけるアヘン生産はＳＳＯＴにとって都合が悪いため、在華イギリス外交官などがもたらす中国産アヘンの情報には疑いを向ける傾向にあった。ＳＳＯＴの運動は大きな反響をまきおこし、一八八〇年代前半のイギリ

スにおいてはアヘン貿易をめぐる論争が展開され、『タイムズ』などの高級新聞・雑誌はアヘン貿易を擁護する論調であった。これらの論争の際にはおびただしいパンフレットが発効され、その一部は後にモリソンに収集されている。

一八八五年に先述の芝罘協定追加条項が調印されると、中国側がアヘン貿易から税収を得ようとしているという疑念がイギリスにおいて広まった。そこで、SSOTは目標を「中国に対する圧力排除」から「インドにおけるアヘン生産とインドからのアヘン輸出停止」に変更している。しかしながら、SSOTに対する支持は減少して資金も減り、SSOTとは別の反アヘン運動の団体も結成され、活動は分裂した。

その後、一八八九年から一八九三年にかけて、宣教師達の活動もあり、再び反アヘン運動が活性化し、SSOTも運動を復活させた。そしてシャフツベリ卿の死後にSSOTの会長に就任した自由党のピーズは一八九一年にイギリス下院においてインドアヘン貿易は道徳的に弁護の余地がなく、インド政府はアヘン貿易を停止すべきという動議を提案した。この動議は決議されなかったものの高い支持を得た。

この動議により反アヘン運動の注目が高まり、グラッドストンの自由党が一八九二年に政権に返り咲くと、王立アヘン委員会（Royal Commission on Opium）が設置され、インドのアヘン生産とアヘン販売を停止すべきかどうかを調査することが決定された。調査はロンドンでの関係者へのヒアリングのほか、一八九三年一一月〜一八九四年二月にかけてインドで行われ、一八九五年に七巻二五〇〇ページに及ぶ報告書が下院に提出された。ところが、この報告書はインドと中国の間のアヘン貿易にはふれていなかった。そのうえ、インドにおけるアヘン消費は酒と同類で人体に悪影響をもたらしておらず、インド政府にとってアヘン生産・販売による財政収入は不可欠であると結論づけていた。当時、アヘンは重要性を減じていたものの、インド植民地政府の歳入源の第三位を占めており、歳入の減少を招く改革の導入は困難であった。結果として王立アヘン委員会の報告書は反アヘン運動に大きな打撃を与え、一八九五年にピーズが提起したアヘン貿易の終結を求める動議は下院で完全に否決された。以後、反アヘン運動は一九〇〇年代初頭まで回復することはなかった。もっとも、ＳＳＯＴはパンフレットなどを通じてこの報告書を激しく批判した。それは後の研究者がＲＯＣをインドのアヘン収入を擁護した不名誉な委員会であったと低く評価することにもつながったから、長期的にみた場合、ＳＳＯＴのパンフレットの影響力は大きかった。

❖イギリスにおけるアヘン認識

一九世紀末のイギリスにおける反アヘン運動が成果を上げられなかった背景には、イギリス人のアヘン認識がある。(12) 一九世紀末にいたっても、政府閣僚をはじめとする多くのイギリス人がアヘンの毒性を認識しない傾向があり、適度な消費が守られるなら、アヘンは人間に有益であると認識していた。

その背景には中国からの情報が存在した。もちろん、中国に滞在する宣教師達はアヘンの害を伝えていた。しかし、在華イギリス領事や中国の海関税務司が伝える情報には、アヘンの害を軽視するものが多く、栄養や休養を十分にとっている裕福な中国人アヘン吸飲者にはアヘンの悪影響が徐々にしか現れず、「適度な消費」が可能であると誤認していた。そしてイギリスにおいては、一般的に宣教師の報告よりも領事や税務司の報告の方が信頼された。例えば、中国の海関を統括する総税務司のハートは中国問題についての権威であった。一八八一年に海関が刊行したアヘンについての特別報告においてハートは、外国産アヘンは一〇万箱輸入され、中国産アヘンの生産量もほぼ同様であり、そこからアヘンの吸飲者は二〇〇万人程度とみなし、人口の三分の二パーセントにすぎないとした。そして、アヘンは大きな税収をもたらし、国家や社会全体に対して何ら悪影響をおよぼしていないと評価していた。ハートは明らかに中国におけるアヘン生産量やアヘン吸飲者数を過小評価していたが、ハートの吸飲者数の推計やアヘンに対する評価は『タイムズ』にも掲載され、大きな影響を与えた。

さらに、イギリス人はアヘンと酒が同じであると認識し、酒がヨーロッパに適合し、アヘンはアジアに適合すると考えていた。こうした人種的偏見に基づく考え方はイギリス人に広く受け入れられ、アヘン貿易を正当化することになった。

❖モリソンのアヘン認識

一方、モリソンのアヘンに対する認識であるが、一八九三年、初めて中国を訪問したモリソンは、一八九四年二月から長江を遡り、陸路雲南からビルマに抜ける大旅行を行った。その後、一八九五年、この大旅行の旅行記である『中国のオーストラリア人――中国からビルマへの静かな旅行の物語』がロンドンで刊行された。その中で、重慶を訪問したときの以下の記述は、当時のモリソンのアヘンについての認識を示している。(13)

モリソンは重慶には推計二〇万人の人口を有し、そのうち男性の四〇～四五パーセントが、女性の四～五パーセントがアヘン吸煙にふけっていると記している。そして「アヘンはこの豊かな省の主要な産物の一つであり、この繁栄する都市の主たる富の源泉である」と述べている。さらにモリソンは、この九ヶ月にわたり何千人ものアヘン吸飲者を目にしたが、英国外国聖書協会(British and Foreign Bible Society)の宣教師がしばしば描写するようなアヘンにふけって衰弱したような人物はほとんど目にしたことがないとした。そのうえ、アヘンが中国に強制されているという議論に対しても、アヘンが中国国内で広く生産されていることから、中国のアヘンとその貿易に対する非難が真剣なものであるとは信じがたいとし、中国産アヘンが外国産アヘンを長江流域から駆逐しつつあることも認識していた。さらに禁煙を命じる布告に関して以下のように述べている。

アヘンの使用に対する布告はすでに公布されている。それらはくつろいでアヘンを吸飲している中国人の博愛主義者によって作成され、ケシから収入を得ているアヘンを吸飲する官僚が署名し、アヘンを吸飲しケシ畑を所有する地方官によってケシ畑の近くに掲示される。

つまり、モリソンは当時のイギリスにおけるアヘン問題に対する見方と同様、一九世紀末当時の中国産アヘンの身体への害悪を宣教師がいうほど深刻にはとらえておらず、また中国における広範なアヘン生産を認識し、それが地域経済に利益をもたらしていることも理解していた。そして、財政面で清朝地方官僚がアヘンに依存し、自身が吸飲者であって真剣に禁煙を進めていないことも熟知していた。さらに、アヘン貿易反対運動や宣教師の中国にアヘンが強制されているという見方には否定的であった。モリソンは宣教師嫌いであったが、(14) その背景にはアヘン問題においても中国の生産・消費の現実を直視しない点があったと思われる。いずれせよ、一九世紀末のモリソンは、宣教師主導のアヘン反対運動とは異なる立場にあった。モリソンパンフレットの中には『中国の友』全巻（一八七五年三月〜一九一三年四月）を含めＳＳＯＴが発行ないし関与した反アヘン運動の刊行物が多数収められているが、それはモリソンが一九世紀末の反アヘン運動に共感していたからではなかった。

その後一八九五年一一月にモリソンはタイムズ社によってタイに特派員として派遣され、一八九七年二月には北京駐在通信員となる。しかし、モリソンがアヘン問題に関わるのは日露戦争後まで待たなければならない。ではモリソンが中国で活動し始めたころ、中国における禁煙運動はどのように展開していたのだろうか。

3　モリソンと清末の禁煙運動

❖中国における禁煙運動の展開

アヘン戦争直前期から、林則徐を含む清朝の官僚や知識人達のアヘン問題に対する関心は一貫して財政問題であった。その後、一八七〇年代以降には、ケシの栽培の拡大が食糧生産の減少につながることを懸念する傾向が強かった。特に、一八七八年の山西省などでの大飢饉に際してはケシの栽培が原因であると指摘され、一時的にケシの栽培が禁止されることもあった。

これに対してアヘンの健康に与える害に対して関心が払われるようになったのは、SSOTをはじめとするイギリスにおける反アヘン運動の影響を受けたからである。駐英・駐仏公使であった郭嵩燾《かくすうとう》は一八七八年にはイギリスにおける反アヘン運動の影響を受けてアヘン禁止を主張する上奏を行っただけではなく、一八七九年の帰国後に故郷の湖南で禁煙公社を設立した。その後、戊戌の変法時期においてもアヘン反対が主張された。一八九八年五月に康有為《こうゆうい》の弟子の徐勤《じょきん》らによって戒鴉片《アヘン》煙会が創設され、本部は日本の横浜大同学校に、広州・香港・マカオ・上海には分会が置かれて禁煙の宣伝を行った。戊戌の変法は失敗に終わったが、その後も各地で戒煙局や去毒社などの禁煙団体が組織された。また、曾国荃《そうこくせん》や張之洞といった有力督撫たちも、アヘンの生産は社会を衰退させると認識するようになり、アヘンの害悪についての認識は深まっていた。(15)より継続的な禁煙運動は宣教師によって行われていた。宣教師達は先述のようにイギリス国内に向けて中国におけるアヘンの害を訴えていた。さらに一八七一年に杭州においてアヘン中毒患者の治癒を行う戒煙所を設置したのを皮切りに、次々と戒煙所を設立した。一八九〇年五月に上海でプロテスタント宣教師の大会が開催された際には、アヘンに反対する議案も決議され、禁煙を指導する機構として中国禁煙会が設立され、上海・蘇州・北京などの都市に禁煙分会が置かれた。

このうち、蘇州ではアメリカ生まれの長老会派宣教師のデュボース（Hampden Coit Du Bose）によって一八九六年に禁煙会（Anti-Opium League）が組織され、彼が会長に就いていた。そして一九〇六年五月二五日にデュボースは両江総督周馥《しゅうふく》と会談し、清朝政府の禁煙実行を要求したところ、周馥は宣教師達が、彼等の署名いりの請願書を用意すれば清朝朝廷に取り次ぐとしたため、デュボースは四五〇の都市の宣教師一三三三名の署名を集めた。その署名を綴じた禁煙請願書は周馥から外務部に届けられ、これが同年の清朝の禁煙政策決定を後押ししていくことになる。(16)

もっとも、中国国内の禁煙運動に関わらず、清朝政府に禁煙を本格的に実施する意思はなかった。それは先述したように、地方財政だけではなく中央財政もアヘンに依存するようになっていたからである。そして、アヘンを財源として重視する有力督撫達もアヘン税の課税によってアヘンの生産や消費の拡大の抑制を図るにとどまっていた。そのうえ、宣教師達の活動は清朝側の官僚に信頼されていたわけではなかった。こうした事態を大きく変えたのは国際的なアヘン規制の動きであった。

❖国際的なアヘン規制とモリソンの登場

二〇世紀初頭に国際的なアヘン規制が始まったのには、アメリカの役割が大きかった。一八九八年、米西戦争で勝利したアメリカは、フィリピンを領有することになった。フィリピンアメリカ聖公会監督となったチャールズ・ブレント（Charles Henry Brent）をはじめとする宣教師達はフィリピンにおけるアヘン吸飲を問題視し、ローズヴェルト大統領に対策を建言した。そこで一九〇三年にフィリピン・コミッション（Philippine Commission）はブレントら三人の委員を任命し、台湾、上海、香港、海峡植民地、ビルマ（現ミャンマー）を五ヶ月かけて調査させ、その報告書は一九〇五年に発表された。そこでは日本統治下の台湾のアヘン政策を評価し、台湾と同様にアヘンの漸進的禁止を確実にするために政府の専売を確立することを提言した。さらに、ブレントは後述する一九〇六年五月のイギリス議会でのアヘンをめぐる決議を受け、国際会議の開催を主張するようになった。これはローズヴェルト大統領の受け入れるところとなり、アメリカが主導する形での一九〇九年の上海アヘン調査委員会や一九一一年のハーグ万国アヘン会議の開催へとつながり、国際的なアヘン規制の気運を高めていった。

アメリカの影響をうけつつ、イギリスのアヘン政策も大きく変化し始め、それにモリソンも関わっていく。[17]まず、一九〇五年に保守・統一党に代わり自由党が政権につき、福祉・財政などの面で改革を行っていくが、この内閣のインド相となったモーリーは一八九〇年以来アヘンに反対することを明言している人物であった。

アメリカのフィリピンに関する報告書が出されたこともあり、一九〇六年初頭からイギリス議会ではインド産アヘンの輸出に関する質疑が行われ、議会外でもアヘン貿易とそれにイギリスが与することに反対する教会や女性団体の決議が盛んに出されていた。五月三〇日にはＳＳＯＴのメンバーであるテイラー（Theodore Taylor）が下院において、イギリス政府がインドと中国の間のアヘン貿易の早急な停止を可能にする方策をとるべきであるという動議を提出した。そこでインド相であったモーリーが、一九〇五年のインド政府の歳入の七パーセントをアヘンからの収入がしめており、財政問題には慎重な対応が必要で、経費節減を行うべきであるとしたうえで、中国が真にアヘンから自由になろうとしているのであれば、イギリスも問題を検討することは可能であると述べた。この画期的な演説もあり、動議は全会一致で可決された。実は、モリソンは一九〇五年一二月一八日の日記で、インド相のモーリーと面会しており、その際にインドアヘン貿易を停止するのはインド財政に余裕のある今が好機であるとし、アヘン貿易漸減案を提示したと記している。かくして、モリソンはイギリスのアヘン政策の転換に大きく関わることになった。

この下院における討議を『タイムズ』は五月三一日付けの記事で詳しく紹介した。さらに翌日の社説でもモーリーの下院スピーチを高く評価した。そしてこの社説を清朝外務部右侍郎の唐《とう》紹《しょう》儀《ぎ》に渡したのもモリソンであった。

❖清朝の禁煙運動とモリソン

清朝はイギリスの中国の禁煙支持について疑いを抱いていたため、イギリス下院の決議に対する清朝側の反応は鈍かった。八月六日の『タイムズ』でモリソンも清朝側の反応がないことを記事に記している。[18] 一方、清朝の駐英公使汪大燮《おうだいしょう》はこの情報に接すると、この機会に乗じて禁煙を実行すべきであると上奏した。汪大燮はさらに具体的な禁煙の方策を提出し、清朝に対して迅速な実施を要請した。これをうけて清朝政府は、各大臣と討議し、一〇年間で毎年一〇分の一ずつ削減すると同時に、アヘンに対する徴税を強化することによって禁煙によるアヘン税収の中断に

備え、また度支部《たくしぶ》にアヘン税を補填する新たな税目を準備させることになった。(19)

清朝は九月二〇日に「禁煙諭旨」を下した。それは一〇年以内に国内におけるアヘン生産と外国産アヘンの輸入を撲滅するというものであった。さらにこの「禁煙諭旨」に基づき、政務処が「禁煙章程」十条を定め一一月三〇日に施行された。そこでは、一九〇八〜一九一七年の一〇年でアヘンを禁絶することが決められていた。(20)モリソンはこの章程がドラスティックなものであるとみなし、唐紹儀がそれを起草し、直隷総督の袁世凱がそれを支援したとして両者を高く評価している。(21)

この清朝政府の「禁煙諭旨」に驚いたイギリス政府は、外国産アヘンだけを差別扱いしなければ、中国の提案を同情的に考慮すると中国側に伝え、これを受けて一九〇六年一一月二九日に清朝側はインド産アヘンの輸入および中国の生産を毎年一〇分の一ずつ減らすというメモランダムをジョーダン公使に伝え、翌年に中英の交渉が始まった。そして一二月に合意に達し、一九〇八年一月一日から、まず三年間インド産アヘンの輸出を五一〇〇箱ずつ減らし、その間に中国がアヘンの生産と消費を減少させれば、イギリスはその取り決めを延長するという協定が成立した。この協定は一九一一年五月の中英禁煙協約でさらに七年間継続することが決まった。(22)

「禁煙諭旨」が下されるのと同時に、中国国内における禁煙運動は進展し始めた。モリソンはそうした禁煙運動の成果を強調し、それに懐疑的なタイムズ社上海通信員のブランドの一九〇八年一月付けの『タイムズ』の記事に対し、同年四月の記事で批判を加えるほどであった。[23] かかるモリソンの清朝の禁煙運動に対する支持の背景にはモリソンの清朝に対する態度の変化がある。モリソンは日露戦争後に日本に失望し、次第に敵視するようになる一方で、中国に対して共感するようになっていた。したがって、モリソンはアヘン問題においても日本を厳しく批判していくことになる。そして、まさにこの日露戦争後の時期に、モリソンはアヘン問題に関わる大量のパンフレットを収集したのであろう。モリソンパンフレットの中に二〇世紀初頭に刊行されたパンフレットが非常に多いのは、そこに原因がある。

もっとも、モリソン自身が禁煙運動の成功を信じていたかというと、そうでもなく、本音では一〇年でそれを廃止することは夢物語であると考えていたとされる。モリソンの清朝の禁煙運動礼賛は、戦略的なものであった可能性が高い。

とはいえ、地域的な差はあったものの、清朝全体としては、禁煙運動は成果をあげつつあった。少なくとも最大の産地である四川や雲南では大きな成果を収めた。しかし、禁煙運動の成功は、地方財政への大きな打撃となった。当時、清朝は光緒新政といわれる広範な改革と近代化事業を進めており、中央政府も地方政府も膨大な歳入を必要とし、その重要な財源がアヘン税であった。

しかし、急速にその財源が絶たれ、新たな収入源を見つけることを迫られたのである。当然、それは様々な摩擦を引き起こした。新政と禁煙が同時に進んだことは、清朝を動揺させ、辛亥革命の一因となった。(24)

❖袁世凱政権と禁煙の進展

辛亥革命以降も、禁煙運動は進展し続けた。(25) その背景には、まず、中英禁煙協約が中国における中国産アヘンの削減を前提としていたことがある。中国側が完全に協定を遵守していたわけではなかったが、インドはアヘンの歳入なしで財政収支の均衡を確保することに成功し、一九一三年に最後のアヘンが積み出されると中印間のアヘン貿易は終結した。これに加え、一九一一年一二月にハーグで万国アヘン会議が開かれ、国際的にアヘンやモルヒネ、コカインに対する規制の気運が高まっていたこと、中国国内で民間の禁煙運動が高まっていたことがある。

かかる背景の中、袁世凱政権も積極的に禁煙を推進した。中央政府はたびたび各省が真剣にアヘンを取り締まるように命令を出すほか、アヘンを規制する法令を整備し、ケシの栽培禁止に関しても大きな成果を挙げていた。

袁世凱政権のもとで、モリソンは顧問として、アヘン問題に対しても助言を行った。他の提言と同様、袁世凱政権の政策への影響はなかったのかもしれない。しかし、この時期のモリソンが熱心に調査を行っていたことは、モリソンパンフレットに民国初期に刊行されたパンフレットが三〇点ほど収録されていることからもうかがえる。

もっとも、この一九一四年頃に禁煙運動の推進力となっていたアメリカ人宣教師スウィング

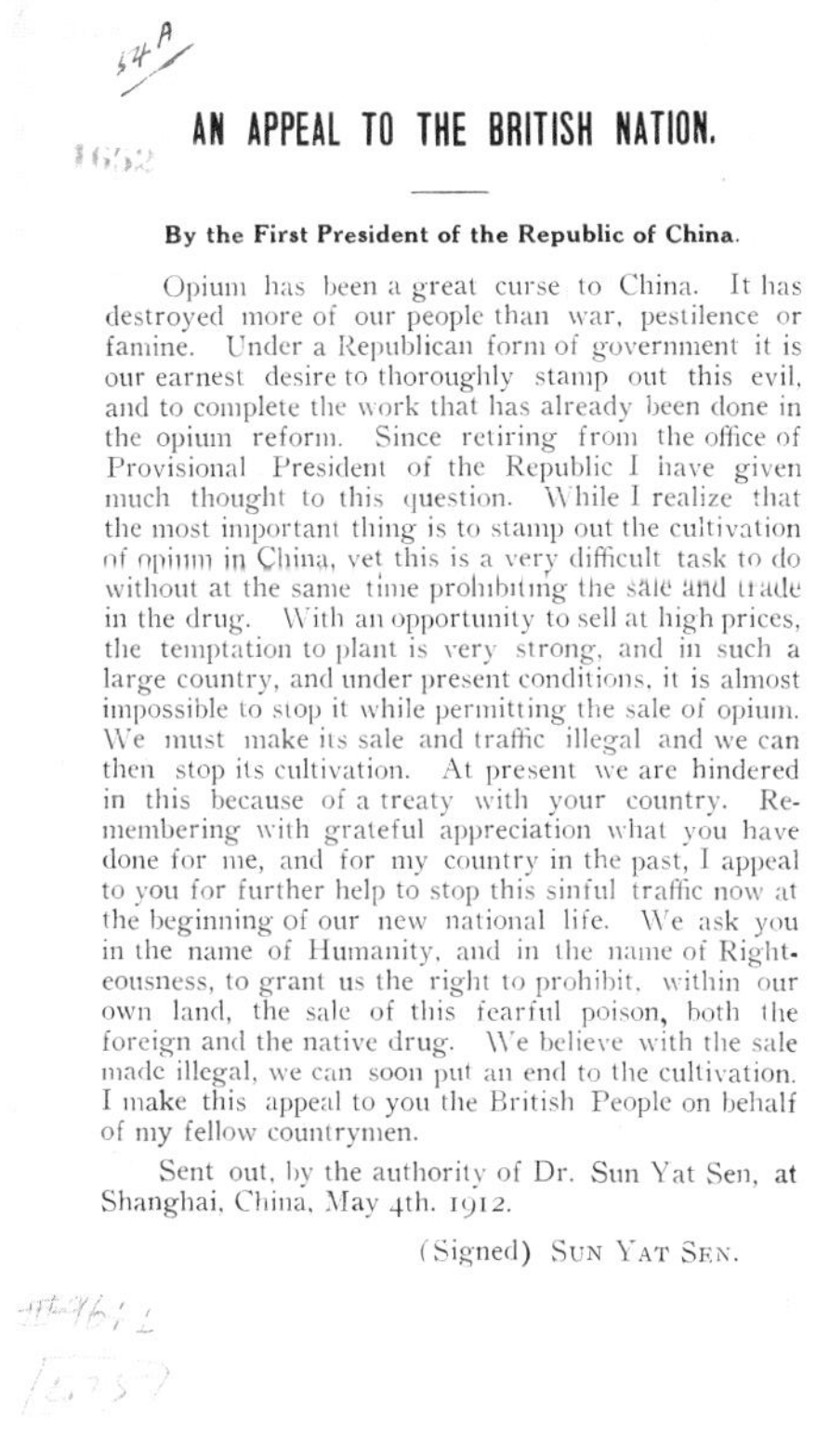

AN APPEAL TO THE BRITISH NATION.

By the First President of the Republic of China.

Opium has been a great curse to China. It has destroyed more of our people than war, pestilence or famine. Under a Republican form of government it is our earnest desire to thoroughly stamp out this evil, and to complete the work that has already been done in the opium reform. Since retiring from the office of Provisional President of the Republic I have given much thought to this question. While I realize that the most important thing is to stamp out the cultivation of opium in China, yet this is a very difficult task to do without at the same time prohibiting the sale and trade in the drug. With an opportunity to sell at high prices, the temptation to plant is very strong, and in such a large country, and under present conditions, it is almost impossible to stop it while permitting the sale of opium. We must make its sale and traffic illegal and we can then stop its cultivation. At present we are hindered in this because of a treaty with your country. Remembering with grateful appreciation what you have done for me, and for my country in the past, I appeal to you for further help to stop this sinful traffic now at the beginning of our new national life. We ask you in the name of Humanity, and in the name of Righteousness, to grant us the right to prohibit, within our own land, the sale of this fearful poison, both the foreign and the native drug. We believe with the sale made illegal, we can soon put an end to the cultivation. I make this appeal to you the British People on behalf of my fellow countrymen.

Sent out, by the authority of Dr. Sun Yat Sen, at Shanghai, China, May 4th. 1912.

(Signed) SUN YAT SEN.

図2「民国初期に刊行されたパンフレット」の一例：前中華民国臨時大総統・孫文の反アヘンアピール（東洋文庫所蔵 P-III-a-1652）

（Edward Waite Thwing）が頻繁にモリソンを訪問して禁煙運動への協力を求めたのに対し、モリソンはスウィングを「プロのアジテーター」と呼び、嫌悪しており、会おうとしなかったとされる。こうした宣教師たちの熱狂的かつ虚偽の情報を流すことも厭わないような禁煙運動に批判的なのは『タイムズ』紙も同様であった。(26) 結局、モリソンの宣教師嫌いは何ら変化していなかった。モリソンパンフレットに残された宣教師らの刊行した多数のパンフレットにも関わらず、モリソンと宣教師らの禁煙活動は、最後まで協力関係になることはなかったのである。

おわりに

一九一六年の袁世凱の死後、中央政府の統制が弱まる中、地方に割拠する軍事勢力はアヘンを財源として復活させていく。かくして、清末民国初期における禁煙の努力は事実上無に帰した。モリソンは、こうしたアヘンの復活を見ることなく、一九一八年末に中国を離れ、一九二〇年五月にイギリスで逝去した。ある意味、モリソンの中国における活動の最後の時期は、中国における禁煙運動の最も進展していた時期にあたっており、その点で幸運であった。

一九三〇年代半ばになると、中国の政治的統一を進展させつつあった南京国民政府の下で禁煙運動は本格的に再開された。しかし、これもすぐに日中戦争によって中断する。日中戦争中に日本軍が満洲でアヘンを生産したことはよく知られている。しかし、もともとの中国アヘン主産地はむしろ国民党・共産党の支配地域にあった。本来アヘンに反対していた国民党・共産党も背に腹は代えられず、支配地域でアヘンを生産し、国民政府支配地域あるいは日本軍占領地域である沿海部・沿江部で売りさばくことで財源としたことも明らかになっている。[27] 結局中国におけるアヘン根絶は中華人民共和国の成立後となった。モリソンが一〇年では不可能だと思っていたアヘン禁絶は、四〇年ほどで、ようやく完成したのである。

この百数十年にわたる中国のアヘン問題の歴史からみれば、現在モリソンパンフレットに含まれているアヘン問題に関するパンフレットの刊行時期は偏っているし、モリソンが熱心に収集した期間も主に日露戦争以降の限られた期間とみることができる。しかし、そのパンフレットはあるまとまりをもって世紀転換期の「アヘン問題」のみならず、中国に対する欧米人や欧米のまなざしのあり方や偏向を示してくれている。それはモリソンが宣教師嫌いというその立場を超えて熱心にパンフレットを収集したことが原因であるし、そのパンフレットを読み込むことで、結果的にモリソンの感じていた宣教師や反アヘン運動への違和感をある程度共有できるようになっているのは、モリソンが意図していなかったパンフレットの効用かもしれない。

注

（1）パンフレットの分類に関しては次の文献を参照した。新村容子「モリソンパンフレットより見る二〇世紀初頭アヘン追放運動」（斯波義信編『モリソンパンフレットの世界Ⅱ　近代アジアとモリソンコレクション』東洋文庫、二〇一六年）。

（2）林満紅「財政安穏与国民健康之間——晩清的土産鴉片論議（一八三三—一九〇五）」（中央研究院近代史研究所社会経済史組編『財政与近代歴史』中央研究院近代史研究所、一九九九年）五一六〜五二〇頁。

（3）拙著『海の近代中国——福建人の活動とイギリス・清朝』（名古屋大学出版会、二〇一三年）三五八〜三五九頁。

（4）杉原薫『アジア間貿易の形成と構造』（ミネルヴァ書房、一九九六年）六一〜六二頁。

（5）林満紅『清末社会流行吸食鴉片研究——供給面的分析（一七七三—一九〇六）』（国立台湾師範大学歴史研究所博士論文、一九八五年）二〇八〜二〇九頁、新村容子『アヘン貿易論争——イギリスと中国』（汲古書院、二〇〇〇年）三〇三〜三〇五頁。

（6）前掲注5林書二〇八頁。

（7）林満紅「晩清的鴉片税（一八五八—一九〇九）」（『思与言』一六巻五期、一九七九年）一七〜一九、二五頁、蔣秋明・朱慶葆『中国禁煙歴程』（天津教育出版社、一九九六年）一八二頁。

（8）Virginia Berridge, *Opium and the People: Opium Use and Drug Control Policy in Nineteenth and Early Twentieth Century England*, New York: Free Association Books Ltd., 1999, revised edition, pp. 3-5, 24-37、後藤春美『アヘンとイギリス帝国——国際規制の高まり　一九〇六〜一九四三年』（東京大学出版会、二〇〇五年）。

（9）Berridge, *op. cit.*, pp. 75, 174-175.

（10）Berridge, *op. cit.*, pp. 113-122, 177-178、前掲注8後藤書一五〜一七頁、前掲注5新村書五五、五八〜六

一頁、前掲注4杉原書一五九〜一八二頁。
(11) Berridge, *op. cit.*, pp. 175-188、前掲注8後藤書一七頁、前掲注5新村書一〇三〜一四六頁、新村容子「「王立アヘン委員会」とモリソンパンフレット」（斯波義信編『モリソンパンフレットの世界』東洋文庫、二〇一二年）一〜一八頁。
(12) 前掲注1新村書一四七〜一七七頁。
(13) George Earnest Morrison, *An Australian in China: Being the narrative of a Quiet Journey across China to Burma*, London: Horace Cox, 1895, pp. 45-48.
(14) シリル・パール（山田侑平・青木玲訳）『北京のモリソン——激動の近代中国を駆け抜けたジャーナリスト』（白水社、二〇一三年）一〇一頁。
(15) 前掲注2林論文五二一〜五二八頁、前掲注7蔣・朱書一七五〜一八〇頁、王金香『中国禁毒簡史』（学習出版社、一九九六年）三五〜三九頁。
(16) 前掲注7蔣・朱書一八〇〜一八一頁、前掲注1新村論文二一〜二五頁。
(17) 前掲注8後藤書二三〜二五頁、前掲注11新村論文二一頁。
(18) 前掲注11新村論文一九頁。
(19) 前掲注7蔣・朱書一八五〜一八六頁。
(20) 前掲注7蔣・朱書一八五〜一八六頁。
(21) 前掲注11新村論文二二頁。
(22) 前掲注8後藤書二七〜二八、四二頁。
(23) 前掲注11新村論文二二頁、同注1新村論文四七頁。
(24) 劉増合『鴉片税収与清末財政』（生活・読書・新知三聯書店）二〇〇五年。

（25）前掲注7蔣・朱書二〇六～二一五頁、前掲注8後藤書五〇頁。
（26）前掲注1新村論文四六～五〇頁。
（27）共産党支配地域のアヘン生産については陳永発「紅太陽下的罌粟花――鴉片貿易与延安模式」（『新史学』一巻四期、一九九〇年）参照。

座談会2

モリソンパンフレットの世界

岡本隆司（東洋文庫研究員・京都府立大学教授）
松重充浩（東洋文庫研究員・日本大学教授）
城山智子（東洋文庫研究員・東京大学教授）
吉澤誠一郎（東洋文庫研究員・東京大学准教授）
斯波義信（東洋文庫文庫長）

パンフレットとコレクション

岡本　こちらの座談会では、渡来したモリソン文庫の中身、とりわけパンフレットコレクションに焦点をしぼりたいということで、モリソンパンフレット研究会のメンバーにお出でいただきました。東洋文庫から斯波先生にお出でいただき、ご陪席くださいます。

パンフレットというのは、われわれの研究会でも「時事資料」という言い方でくくって、同時代の非常に生々しいもの

岡本隆司

を表すという扱い方をしています。ですので、モリソン的にはひとまずジャーナリスト的な関心で集めた、あるいは、仕事に必要なので集めたんだろうというのは、多分一義的な位置づけかなと思いますので、少なくともパンフレットの収集は、座談会1で出ていた「投資」ではないと思うんですけれども、そのあたり、いろいろ見ていただいた感じでいかがでしょうか。

吉澤　一応自分で、自腹を切って、お金を払って買うというのが「投資」ですよね。どういう経緯でモリソンのところに集まってきたかというのが肝心です。例えば抜き刷りであれば、その抜き刷りを書いた著者が送ったという場合はわかりやすいのですが、それに対し、どうしてモリソンはそれを手に入れたか、よくわからないものがたくさんあるわけです。

「時事資料」といってもですね、モリソンが北京に赴任したのは、一八九七年でしたか、実はそれより前の一八四〇年代とか五〇年代ぐらいに出たパンフレットもかなり含まれているので、どうしてそれをモリソンが手に入れたのか。買ったのかもしれないとすれば、投資ということになる側面もあるのでしょうが、本当のところはよくわからないですね。集める経緯といいますか。投資かどうかと考える場合に、その点をおさえる必要があるように思うんですけれども。

岡本　手紙のやりとりをしているとか、そういうので明確にトレースできるものも少なくありませんし、あるいは「パンフレット」といっても雑誌の一部だったり、抜き刷りだったり、系統的にずっと続いているものがあったりすると、少なくともモリソンの関心であるとか、関わり方というのがわかるんですけど、おっしゃったように、単発の、時代が遠いとかになると、なんでここにあるのかというのが、トレースできないものがあったりします。そのあたりはとても扱いにくいということは、おっしゃるとおりだなと思います。

松重　「投資」という点からモリソンコレクションを位置づけてみようとすると、コレクターとしての自覚をモリソン自身が、いつごろから持ってくるのかという点も、気になるところです。モリソンは冒険家、旅行家としても、それなりに名を成す人ですから、自分の必要な範囲で資料を収集した経緯があったことはまちがいないと思われます。それがある段階になると、彼の周囲からコレクターと目されるようになり、そのことで彼自身も、自らを「コレクター」と位置づけ行動していく、という過程があったのではないかと考えられないでしょうか。そしてその段階で、資料収集に「投資」という側面が付け加えられてくることになるのではないでしょうか。一九一〇年代末以降の資料にはモリソンは蔵書家だ、みたいな話がいろいろな形で出てきます。しかしそれ以前、例えば日露戦争前後で、彼が蔵書家であるという位置づけは、ほとんど出てこないですよね。

「投資」を念頭においたコレクターとしての自覚がいつごろからなのかということは、なかなかわかりづらいのですが、先ほど岡本先生がおっしゃっていましたけれども、わざわざ切り取った抜き刷りといった類いのものの中に、彼の直接的な問題関心や必要性みたいなものの柱があることは、間違いないと思われるので、それ以外のものが、コレクターとして、あるいは蔵書価値を高めるために、意識的に集められていると想定できるのではないか、そしてその時期を特定できれば、「投資家」モリソンの登場時期も特定できるようになるのではないかと想像してみたりしています。もちろん、文庫のモリソンパンフレットだけを見ると、なかなか判定しがたいというのはあると思いますけれど。

城山　投資というと、やはり買ってくれる人、あるいはコレクターズマーケットみたいなものがないと成立しないので、東洋趣味みたいな、そういうサークルなり、マーケットなりがあったのでしょうか。あるいは、もっと古本マーケットみたいな、そういうものがあったのか。始めにコレクターの時代という話もあったので、そういう関心が価値を生むような時代ではあったのかとも思いますけれども。

吉澤誠一郎

岡本　マーケットというのは、どうなんでしょうか、あの時代。

城山　どうですかね。絵画と違って、それほど美術品というわけでもないですから。

吉澤　古書については、一応のマーケットはあると思うんです。ただ、このパンフレットは非常に雑多なものなので、まとめていくらという買い手を、どう見つけるかというのは難しい。モリソンは初めからそう考えて集めていたのかどうか、よくわからないですよね。

岡本　そこは明らかに考えてないと思います。

おっしゃったように、絵画もモリソンの収集の中にあるので、そういうのはやはり投資的な側面とか、マーケットを意識したということは、多分買うときからあるんだろうと思いますけれども。パンフレットにあるようなものについて、それはどこまで考えていたか、という感じがします。

城山　このパンフレット自体について、モリソン自身が作った目録的なものとか、リストとかって、あったんでしたっけ？　売り買い、あるいは自分のコレクションとして認識するには、私もそうですけれども、ちゃんと記録していないと、何を買ったんだか忘れちゃうということになりそうです。自分で作ったリストがあるのかないのかというのは、ひとつ分かれ目かなと思うんですけれども、どうだったんでしょうか。

岡本　いえ、わからないですけど。ただ「アジア文庫」の目録ができたときに、モリソンの蔵書は基本的に一括して入っていて、そのパンフレット類も打ち込んであるんです。

斯波　全部じゃないですけど、まとめて「日露戦争」とかいうタイトルで入っている。あとは、特にバラして目録化したわけじゃない。

岡本　基本的に、あれは著者名とタイトル。

斯波　本についてやってるんです。だから、重要なものは田中正俊さんが挙げたように、五つか六つの件名でまとめた本。これは数えやすいんです。それはモリソン自身が作ったカタログに入ってます。

岡本　石田幹之助も書いている話ですけど、北京の王府井《ワンフーチン》のアジア文庫に行って、本を見せてくれと言ったら、すぐに出てくるという。それはパンフレットもそうだったのかどうかというところですが。

斯波　かなり短い時間のやりとりだったんですよ。だから、多分大きな本について言ったと思う。パンフレットまでは……。

岡本　そうでしょうね。今おっしゃったように、モリソン自身もそこまで把握してはいない。例えば新聞の切り抜きまで、本当に彼自身が覚えてとか、あるいは手控えをとっているというようなことは……。

斯波　モリソンは著名人ですから、献呈されたこともあるでしょう。たとえばニーダム研究所にも、抜き刷りはものすごくありますよ、A～Zで仕分けて。ペリオの名前があるし、ニーダムも有名人だから、献呈もあるんじゃないかな。モリソンのほうには、ランケの就任演説とかもあるんですよ。それは途中から本格的に集め始めて、やはり必要でそうなっていったんじゃないかな。

岡本　ですので、モリソン自身がパンフレットという意識を持って、何か別のものと区別してという、松重先生がさっきおっしゃった、コレクターとしての彼の意識で分けていたかどうか。あったとすればいつごろからなのか。そのあたりは考えなければいけないかなという気はしますね。しかしそこまではなかなか……。一つひとつのパンフレットについて、トレースはできないのがつらいところではあります。

吉澤　さっきの「日露戦争」というふうに分けられているとおっしゃっていたのは……。モリソン自身が分類していたんですか？

斯波　目録がでてきたときは、きちんとカードになっていた。かれが、一点ずつカードにしたのと、わざわざ括ったのとがある。

吉澤　利用するということが前提で、分けている。

斯波　雑誌なんかは、タイトルで整理しています。

吉澤　そうすると、モリソン自身が、一定の整理というか、取り出せるように自分で簡単な分類はしていたということでしょうかね。多分そうしないと、あれだけの分量がぐちゃぐちゃになって、多分使えなかった。自分がいただいた抜き刷りとかの整理を考えてもそうなんですけど、ある程度の分類がないと、持っている意味がなかったと思うんですよね。

岡本　あれだけのものを残しておくのはすごい大変で。自分の経験でも、めちゃくちゃになってて。いつ棄てるかという（笑）。そういう感じですので。やはりパンフレットとか言って、私自身はよく新聞の切り抜きとかを使わせてもらうんですけど、よく置いているよなと、ほんとに思います。ちょっと信じられないですよ。

吉澤　新聞は、自分で切り抜くと考えていいんでしょうか。自分で見たものを切り抜いてるんでしょうね。

岡本　色鉛筆で大体書いてますから。どこに載ったものかとか、日付とか。切り抜いたのは、ひょっとしたらセクレタリーか奥さんかもしれないですけど、書いてるのは、多分本人だろうと。筆跡的にも、そうかなという気がします。

松重　メモみたいなというか、台紙のところに書いてますよね。あるいは斜線、アンダーラインを引いたりして。

斯波　助手がいたんですね。専門のセクレタリー、ほかに奥さんです。

吉澤　ああ、そうか。

岡本　ずっと助手を使っていたらしいです。抜き刷りとか、やりとりしているのもありますけど、雑誌から自分で引っこ抜いてきて、全部綴じたというのも……。

松重　随分ありますよね。

岡本　そこまでやっているということからして、それなりに必要だったのとは事実かなと。

吉澤　そうですよね。それが多分、商品価値があるという考え方だと、ちょっと説明しきれないかなと思うものが多いですよね。彼がシャムにいたときにはもう集め始めていたんでしょうか。

岡本　集め始めてはいますよ、既に。

吉澤　シャムに行ったのはいつかな。多分その段階で、ある程度東南アジアに関するものは、仕事上必要で集めるということはあったと考えておかしくはないと思うんです。パンフレットについてはですね。

岡本　『タイムズ』の特派員でタイの赴任を命じられたのが、一八九五年の一一月。

吉澤　九五年ですか。

岡本　バンコクに入ったのが一八九六年。当然のことながら、そこでいろいろなものを収集するわけですけど。さかのぼってというものもたくさんあって。それ以前にも、いろいろな冒険や中国への旅行とかをしているので、それに関わるようなものも、多分下調べのために集めたことは、当然あったでしょう。それが一八九四年です。ですから、一八九〇年代あたりは、収集は本格化しているのかなと想像はされます。

吉澤　そうですね。ただやはり、あるところに定着をしてモノを集めないと難しい。集めるというのは常に引っ越しをしている人にとっては、ちょっと現実的ではないでしょう。だから、あるところに定着をして活動するというスタイルと、このコレクションの形成というのは関係があるようにも思います。モリソンがどの段階からずっと北京に長くいようと考えたのか。北京に行った当初は、どういうつもりだったのか、よくわからないですけども、そのあたり、岡本さん、何かご存じなんですか。九七年に北京に行きましたよね。

岡本　ええ、着任です。ただ、しょっちゅう出かけています。じっとしていられないので。

吉澤　でも、本拠がないと、コレクションはできないということなんです。

岡本　そこはおっしゃるとおりです。やはり本格化したのは、一八九七年ですか。

吉澤　そうでしょうね。

義和団の戦乱の前に、ある程度の分量のコレクションはあったはずです。王府井に転居したのは、義和団の後ですね。やはりそのときにもう書庫を作っていたでしょう。ある程度コレクションを作るために、その場所がなくてはいけないので、コレクションをし始めて、置き場を確保するという、そんな流れだと、説明はしやすいですよね（口絵③④）。

岡本　そうですね。

吉澤　だから、王府井の家には、もう初めからコレクション用の部屋が設定されていたとすれば、本格的には、王府井の家ができた段階が節目となりそうですね。

岡本　やはり義和団がありましたからね。それ以前にもたくさんあったので、そういうものを作ろうと……。

吉澤　ええ、作ろうというふうになってきたということでしょう。

岡本　相乗的ということがありますよね。ですからやはり、その中でパンフレットということになると、一番零細で整理に困るので、そういう本拠があって、場所をしつらえて、パンフレットなども収集とか整理が

松重充浩

本格化するという、そういう流れなんでしょうか。

吉澤　そうでしょうね。場所が相当ないと、買い集めようという意欲が起こるかって、これは自分に引きつけて考えると、やはりそんなことがありますよね。

岡本　そうですか。でも、われわれなんかはとても貧しいですけど、もう本は要らないという感じになりつつありますから（笑）。場所がありませんしね。

吉澤　場所の問題がとても大きいと思います。

岡本　それで座談会1で大体二万冊だというお話が出ていて。個人で持つというのが。

松重　アベレージ的なものとして、二万冊というのがある。

岡本　そういう規模ですね。二万四〇〇〇冊。パンフレットをどう数えたのか。

吉澤　わからないですね。

岡本　ちょっと突き詰めてみたいなという気にもなりますけれども。

コレクションのトータリティ

松重　少し、内容のほうに入るのかもしれませんが、モリソンパンフレットの特異性というのは、その多種多様性というか、広領域性にもあります。ある種のトータリティと言うんでしょうか、全体的なさまざまな分野の情報、あるいはさまざまな領域の成果というものを、パンフレットなんかを見ると、手当たり次第に集めているという印象を持ちます。

そのことは、モリソン自身が、私はこういうものを集めていますとか、あるいは私のところには、こういうふうに多量な情報が集まっていますという、通信員としての一種の自己主張というか、宣伝的な側面があった印象を持ちます。

といいますのも、多種多様な情報を手許におくことで、なにか問題が生じた時に「とにかくモリソンのところに行って聞いてみたら、なにかわかるかもしれない」という期待を膨らませる環境や契機を産み出すことになるからです。それなりに説得力がある情報というものを持っているんだということを、膨大な蔵書という形で視覚的にもPRするということは、一九世紀の「アマチュアの時代」ならではの状況の中で、モリソン自身が自らの発言をある種権威化していく上で有効であり、そのことにモリソン自身が自覚的だったことも十分推察されます。

なぜそう思ったかといいますと、モリソンが中国とか日本側からどう見られているのかということを時系列的に追いかけると、先ほど言った一九一〇年代の終わりくらいから、蔵書家であると同時に中国通というのが、大体セットで出てくるんですね。やはりそこに、同時代の人たちには、両方のイメージを持っていて、それが中国通であることは蔵書家である、博物学的であるというものと、セットで出てくるような感じがしました。

そのことは、パンフレットに多様性をもたらしている要因の一つではないかなと思われます。例えば、経済のことが専門だとなると、恐らく経済のことだけをパーッと集めていったんだと思うのですが、こういう多様なものを集めていくというのは、「アマチュアの時代」と言いましたけれども、当時の中国専門家と言われる人たちが求められた形ですね。

岡本　特に欧米です。

斯波　H・フランケが一九世紀シノロジーの一つの特色として、「アウトサイダーの時代」「アマチュアの時代」「ジェントルマン・シノロジストの時代」だったと言ってますね。

吉澤　やはりジャーナリストだったことも関係あるでしょう。モリソンはある時点からジャーナリストをやめてしまうので、その段階だともう、蔵書家とか、中国通みたいな言い方にならざるを得ないと思いますが、ジャーナリストとして仕事をしているときには、あらゆることに一応答えなければならないという、そういうことがあるんじゃないでしょうか。

例えば今の日本の新聞社とかテレビ局の特派員、そういう人たちも、アメリカに行ってアメリカの政治のことも伝えるのだけれども、どこそこでお祭りがありましたとか、台風がありましたとか、全部報道しなくちゃいけないわけです。だからある意味では、あらゆることを学握できないと、外信というジャーナリズムの機能を果たせないという、そういうこともあるかなとは思います。

岡本　「自己主張」というのは、座談会1でも出たんですけど、モリソンはとても我の強い人。本人の性格としても、それはあるんだろうなと、今お話を伺っていて思いました。

斯波先生に教えていただいたんですけれども、モリソンとバックハウスとの関係とかも考えてみると、モリソンは患者としてしか出てこない。やはり見る人によっても、全然違った像になってくるというあたりは、そういう意味ではとても面白かったんですけれども。

今おっしゃったように、パンフレットの構築、あるいはコレクションの構築というう自己主張は当然のことながらあって。それがイコール全体性、それ自身がジャーナリストということも考え合わせると、とても面白いご意見だなと拝聴しました。

松重　知的な共鳴板みたいなものを、蔵書を通じて持っていることが、彼をある種権威化しているということはあったと思うんですね。「モリソン先生はこうおっしゃっている」という部分のところを、彼の蔵書が支えていくという側面があったような気がしますね。

岡本　裏打ちされているライブラリーです。

松重　しかも視覚化される形で、入ってきたという。

吉澤　ええ。

松重　それは今でも、立派に通用しているような気がしますよね（笑）。ミュージアムに展示されているモリソンコレクションを見ると……。

吉澤　圧倒されるということもありますね。

松重　これは大きかったんじゃないかという気がしますね。

岡本　そうですよね。フォリオ版が並んでいると、それはまあ、中を開かなくても立派だなという感じになりますから。

吉澤　それと関係しそうなこととして、どのくらいモリソンが、モリソンパンフレットを使っていたかということなんですけれども、英語以外の言語のものがたくさんありますよね。モリソンは例えば、ドイツ語のパンフレットは読めて使えたのかというのが、よくわからないですね。これについては、誰か議論したことがありますか。
ドイツ語、フランス語はかなり多いと思いますし、オランダ語とかイタリア語とか、スウェーデン語とかもありますね。
岡本　ロシア語も入ってます。
吉澤　ロシア語もありますね。それを全部、モリソンが読めたとは、考えられません。フランス語ぐらいはわかったかもしれないんですが、他はよくわからないですね。
岡本　そこはできたでしょう。
吉澤　結局、読まなくてもとにかく集めていたこと、必ずしも自分で使おうと思って集めていただけではないことも、確かでしょう。
岡本　わたしはモンゴル語の新聞も取り上げて、ほんとにもらったことがわかったんですけれども、確かに多言語のあたりは、なんであるのかは、突き詰めて考える必要はあったかなという気はします。研究会でなかなかできなかった話ですし。
吉澤　読んだとは思えないですね。
岡本　ですので、逆に言うとそういうものも入っていることが、さっきおっしゃったトータル性だろうと。要するに、持っておけば誰か使うかもしれないというあたりが、権威に結びつく、そういうことなんですよね。
吉澤　そういうことだと思います。
松重　先ほど斯波先生が言われた、助手がいて、集めたものを整理していたと思いますから、読めなくても、背表紙くらいは「このテーマは、この言語のこれを読みなさい」みたいなアドバイスはできたと思うし、「それについてはこの資料がありますよ」というようなことはできたんだと思いますね。

斯波　タイトルや内容でも大体のことはわかったでしょう。橋本万太郎さんによると、ヨーロッパ語というのは、ロシア語を別として、国境を越えてそこにしばらく住むと、だんだんと通じてくるんだという話です。

吉澤　そうでしょうね。やはり、すべてを自分が読もうと思って集めたわけじゃない、ということかなと思うんです。

岡本　欧文、横文字は網羅しようという意図は、明確にあったところでしょう。

吉澤　ええ、そうですよね。

斯波　パンフ以外の本のカタログが二冊あってね、第一冊は英。ほか一一ヵ国の言語が二冊目。

吉澤　逆に言うと、中国語のものは、なぜ集めなかったのか。中国語で来た手紙とかは取っておいたと思うんですけれども、中国語資料については、当時たくさん存在していたにもかかわらず、集めようという意欲を示した感じはないですね。

岡本　ありません。

吉澤　もちろん読めなかったからなのでしょうが、そこには自分は手を出さないということで、集めないということなのかな。

岡本　やはりバックハウスの関係なんでしょうか。彼は系統的、集中的にそれをやっているので、漢文もできない、中国語ができない自分がやっても、敵《かな》うわけがないというところから出発しているのかもしれません。

吉澤　ええ。それもまた、このモリソンパンフレットの一つの特徴。語られざる特徴を示すものだなと思うんですね。

岡本　やはりわれわれの研究会でも、常に問題になっていたと思うんですけれども、ないものがどういう意味を持っているかが非常に重要で、こういうコレクションを扱う際には、考える必要があるという気がします。やはり欧文に集中しているのが、モリソンの、パンフレットに限らずですけれども。非常に重要な側面であり、それこそ自己主張だと思います。

吉澤　ええ。欧文しか集めていないということは、自明のことのように思ってしまいますが、もしわれわれが集めたらそうはならないわけです。モリソンのある種の姿勢というか、考え方を示しているように思いますね。

パンフレットの研究

岡本　それで、パンフレットは多分、彼自身が本当に必要としている部分が多いという位置づけになってくる。そうすると、彼が関わった時代とか、事件とかを映し出してくるものだという感じで、研究をやり出したのが、われわれの出発点だったと思います。

助成を受けた研究三年三セットの九年で、

その前後を合わせれば優に一〇年はやっているというので、歳を取るよなぁという感じになりますけど（笑）。そういう形で研究会が出発して、一〇年間やってきたんですけど、そのあたりの、研究の中身に立ち入ったお話も、そろそろしていただければと思います。

松重　この研究会の最初のきっかけということになりますと、一〇年くらい前に、斯波先生が三菱の研究助成を獲得されて、その研究の一環でモリソンパンフレットに簡単なサマリー付きデータベースを作成する作業を始めたことにありました。その作業を進めて行く過程で、「モリソンパンフレットって面白い。こんな知らないことが載っている、あんな発見がある」ということに気づいて、では、このモリソンパンフレットを正面に据えた研究を皆でやってみようということで、「モリソンパンフレット研究会」という形ができあがったと記憶しています。

ただ、研究会を立ち上げてからは、直ぐに、今申し上げました新しい事実の発見というだけではない、モリソンパンフレットそれ自体が持つ別の課題も、メンバー内で共有されるようになったと思います。

そもそもモリソンパンフレットに貴重なデータが記載されていること自体は、私たちが研究会を立ち上げる前から、いわば周知の事実でした。ただ、それが近年等閑視されがちになっていることから、私たちの研究会は、その重要性を再評価するのだという意識は強く持っていました。しかし、研究会ではそこにとどまらず、モリソンパンフレット、そこにはモリソンという人物やモリソンパンフレットの収集過程も含めてということになると思うんですけれども、それらが東洋文庫にあることとの意味や意義を、歴史的にどう位置づけるかとかという部分も検討対象に組み込まれていくという流れが、新村容子先生の科研ぐらいから、はっきり出てきたという経緯があったと思います。

ですから、そういう意味では、この研究会が、もともと「欲しい資料はどこにあるんだ?」みたいな、単純な資料情報や、個別情報ハンターみたいな、いわば単純事実の消費者から、資料環境それ自体の豊穣化を指向する方向性も包含するように広がっていったというのが、私は当初から参加していて、大変面白いと感じているところですね。

岡本　そうなんですよ。パンフレット自体は、結局「ああ、こんな面白そうなものがある」と言って「それ、ちょっと読んでみようか」、それで終わり、という使い方を私もずっとしてきましたから、この研究会でもそのスタンスはどうしてもついて回るんです。ただ、なんでそのパンフレットがあるのかという問題意識は、やはりこの研究会の活動をやっていく中で、考えざるを得なかったというところは、おっしゃるとおりです。

私は天の邪鬼なので、どうしてもパンフレットでは希少なほうに関心が向きましたから、そういう扱い方をしていると、先ほども少し申し上げた、モリソンがカバーしていない部分であるとか、なんでそういうパンフレットがここに存在しているのかも含めないと、なかなか研究として成り立たない。そこがわかったということが、私も一〇年間の収穫だったと感じます。

城山 これまでに二本、この研究会の成果として論文をで書かせていただきました。「モリソンパンフレットを使って書きなさい」というお題が来ているので、どうやって使おう、みたいな感じで、それは結構、新鮮な体験というか。

自分でわかって使えそうなパンフレットで、なんとか論文を書こうと思って、ほかのものを逆に探していくみたいな、そういう作業をしていくと、モリソンのいた、外国人のサークルであるとか、パンフレットなり、資料の位置づけがわかってきて、そこから研究が広がっていく。普段はテーマを決めて資料を探すわけですけれども、資料に引っ張ってもらって、新たなテーマなり、研究なりができるというのは、非常にありがたかったなという感じがしております。

それは、そのモリソンパンフレット全体を見なきゃいけないという松重さんのお話とも重なると思うんです、逆の意味で。それにしても、お題ありきは、研究のやり方としては、結構厳しい（笑）。

それで、皆でこういうプロジェクトができたというのは、プロジェクトとしての縛りがあったから研究成果を集めた時に締まりが出たというか、そういうところもあったんじゃないかと思います。

城山智子

岡本　そうですね。毎回、報告しないといけないって、結構つらかった。右往左往していたという記憶が私もあって。興味深いパンフレットはあるんですけど、おっしゃったように、それで何か書けと言われて、なかなか書けるものじゃない。そこは難しかったなというのが、私も実感としてありますし。
おっしゃったパンフレットの背景にある、誰が読んでいたか、どういう読者層がそこにいるのか、そういうのがわからないことには、やはり話にならないところがありますので。そこはほんとに、勉強になったと思います。

城山　そうですね。

岡本　われわれの世代ですと、この一〇年間というのは、研究者の適齢期的なところで、そこをこのモリソンパンフレットと一緒に過ごしたみたいなことがありましたので、そういう点でも、いい経験だったかなというのは、正直なところあって。逆に言うと、まだこんなにわからないことが多い（笑）。

松重　今、個々のパンフレットの内容の話に踏み込んできていると思いますが、斯波先生が進められている簡単なサマリーを付けたデータベース作成を拝見していて、私が「ああ、面白いな」と思っていたことの一つは、パンフレットのタイトルとは直接かかわりなくて、使える事実や情報があるということでした。

特に私にとって面白かったのは、いわゆる満洲、中国東北地域の地図ですね（図1）。日露戦争以前の詳細な中国東北地域の地図は珍しいのですが、宣教師たちの報告や、いわゆる地理書といったところに、地図が入っているものがあります。その中には多色刷りの、当時としては詳細なものもあります。あるいは写真ですね（図2・3）。ちょっと他ではみることができない写真が入っている。

こういうのも、丁寧に拾って、サマリーに加えたデータベースを作っていくことの意味は、モリソンパンフレットが持っている

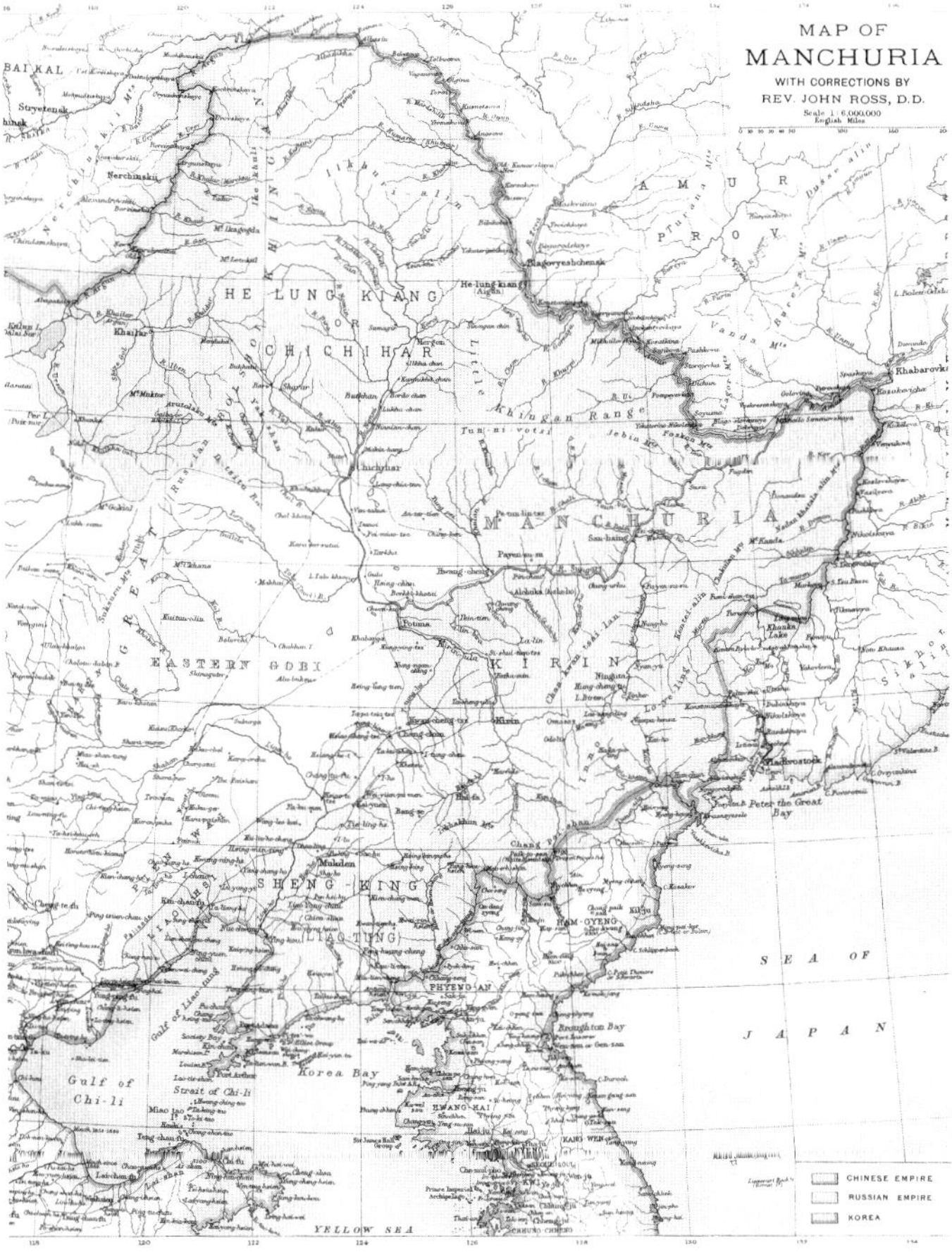

図１　1890 年以前の満洲地図（John Ross, Manchuria. Edinburgh, 1895.）
（東洋文庫所蔵 P-V-A-a-39）

図2　大連の都市（Clarence Cary, Dalny, a fiat city. 1903.）
（東洋文庫所蔵 P-V-A-b-44）

図3　満洲帝国の盲人福祉施設
（St. Nicolas School and Industrial Home for Blind Girls. Moukden, Manchuria. *1 North China, Report for 1915. Moukden, 1915.）（東洋文庫所蔵 P-V-A-a-83）

可能性を考える上で、大きいものがあると思っています。その意味では、チャンスがあれば、モリソンパンフレット内の地図や写真だけの展示も面白いかとも思っています。

それから、何かパンフレットを使っての研究ということだったですけど、日本側から満洲と呼ばれるような地域は、一九一〇年代以降になると、情報量的には、日本が他を圧倒していくという現実が、どうしてもあるんですね。そのこともあって、私は歴史実証的な素材としてパンフレットを利用するという研究ではなく、モリソンが歴史的にどういう存在として、表象化されているのかというところをラフスケッチしてみたいと考えました。

日露戦争がモリソンのおかげで勝てたとか、モリソンが大活躍したというのは、恐らく日中双方に、現地の人たちも含めて、記憶として刻まれているのですが、それがこう、二〇年代、三〇年代、満洲国期に当たるようなところまできたときに、どう変化するのか、その際に彼の蔵書というのは、どのように位置づけられていたのかを検討してみようと思ったのでした。

そう考えて、モリソン評を追いかけてみると、例えば『満洲評論』には、モリソンが住んでいたところは別名「モリソン通り」と言われているといったモリソンの地名の俗称として記憶される一方で、イギリスの手先になって頑張っていた蔵書家、みたいな位置づけがなされています。その上で、モリソンは、一九三〇年代に入り顕在化してくる反日活動を行う欧米人の、いわばプロトタイプとして語られています。そして、これは論文の中で言及できていないのですが、このようなモリソン評の変化は、彼のコレクションの日本における位置づけと如何なる形で連関していたのかも、大変興味ある点だとも考えたりしています。

岡本　論集の一冊目が出た後、東洋文庫でも「モリソンパンフレットの世界」とか言って、紹介するようなお話をさせていただいたんですけれども、もちろん私は、松重先生のように地図はあまり調べていなかったんですが、ただ実物の展示が横にあって。そのとき、ビジュアルなものがいいというので、おっしゃっていた地図が、たくさん並んでました。そういう記憶があります。ですので、それはパンフレットの中でも、非常に大きいというか、重要なものとしてあるんだろうなと。そういう意味づけとか位置づけというのは、多分まだなされていない話なので、おっしゃるとおりだろうなと思います。

松重　そうなんですね。地図情報を、それは先ほど斯波先生がおっしゃった地理学の系譜の中にあると思われますが、現地の人たちがどう消化し位置づけていたのかを考えていくことは、モリソンのコレクションが現地社会において持った意義の変遷を知る上でも、大切になってくると思われます。もちろん、モリソンにとって地図の重要性は、彼が冒険家だったということが大きかったと思うんですが。

岡本　それには地図がないとね。

松重　地図を持っている、あるいは自分で作ることは、彼にとって意味を持っていたんだと思います。

吉澤　国際政治の、あるいは外交の部分で、地図を使って国境の画定をするとか、そういうことが論点になってきた時代なのでしょう。一八五〇年代、六〇年代だとまだいい加減で、きちんとした地図がないから、国境と言っても精確に議論するのが難しい。そういうのを真面目にやっていくのが、一八八〇年代とか、そのぐらいから地図を作って、国境はここだと確定しようということになってきますよね。そうすると、地図はもう不可欠なツールです。

ぼくは二週間ぐらい前に、台湾に行って、故宮博物院の展示を見たんですけれども、故宮が持っているベトナムとかビルマとの国境画定のときに使った地図類が展示されている小さなコーナーがあったんです。展示を企画した研究員の方に説明をしていただくと、ここからここまでの部分は、ちゃんと測量をして、両国代表で清朝側とイギリス側、フランス側と確定したんだけれども、ここら辺は病気になったから、実際には行かずに線引きをしたとか、いろいろそういうことがあるわけですね。記録と照らし合わせると、地図がいろいろ意味を持って作られたことがわかるわけです。地図が大きな意味を持った、ある時代性というのもあるのかなと、確かに思いました。

松重　あとは、門外漢ですが、植物図鑑のようなものもあり、面白かったですね。しかも、多色刷りのものもあってですね。

吉澤　そうですか。あまり見たことがありませんけど、植物の。

松重　パンフレットと言うんでしょうかね。

吉澤　そういうのも、イギリスの関心としてはずっとあって、かなり古い起源がありますよね。生物資源についての関心がもちろんあるわけだけど、広い意味での博物学の作業として、こういう動植物のデータをまとめるというのは、当然あります。ただ、モリソンがどのくらいそれを読んでわかったか、関心があったのか、よくわからない。でも、集めてはいたということはある。実際に、そういう刊行物がたくさん出てはいたということでしょうね。

もう一人、中国に関係する西洋人で、ぼくが関心を持っているのは、スウェーデンの地理学者、スヴェン・ヘディンですけれども、ヘディンは本当の地理学者なので、自分でもちろん地図が作れますし、モリソンのような探検もどきではなくて、ちゃんとした調査を結構やっていると思うんですよね。生物や地質、地形の観察とか、そうい

図4　1894年、中国横断旅行のモリソン
（G. E. Morrison, *An Australian in China, being the narrative of a quiet journey across China to British Burma*. London, 1895.）（東洋文庫所蔵 Ⅲ-2-B-176）

うのはさすがにヘディンはプロだなと思うんです。モリソンの探検は、それとはちょっと違って、お手軽な冒険という感じがする。

岡本　そうですね。冒険。

吉澤　冒険なんですよね。

岡本　冒険と、紀行を書くのが目的で、そういうのが見え見えというか。

吉澤　新聞などに載る紀行文を書くのには、それで十分なわけです。ただ、モリソンの自然科学への関心のありかた、地理学も含めてですが、ほとんど論じた人はいないと思います。

岡本　そうですね。

吉澤　ただ、彼自身は医学を勉強した人なんだから、一応それなりに、生物とかそういう学問についての素養はあったはずでしょう。

岡本　あるはずですね。医学博士としての彼と、蔵書うんぬんというのは、あまり論じられているのは見たことがないですし。

吉澤　ええ。そういう生物とか、自然誌に関する関心を、どう分析するかという場合に「理系モリソン」の側面は、残された課題かなとは思いました。

残された課題と次の時代

岡本　先ほど研究の苦労でもあったんですけど、パンフレットというのは零細、個別ですので、当然のことながら先ほどもおっしゃっていた、残された課題というところに、どうしてもなってしまう部分があるわけです。それをいかに克服して、歴史資料として使えるものにするか。

パンフレットとして残っているものの、系統性と非系統性、そういうものの弁別とか、あるいはどういう偏向、バイアスがかかっているか。それはモリソン自身のものなのか、それとも、モリソンの背景になっているサークルのものなのか。先ほどおっしゃった、時代であるとか、地図とかにも、非常に表れている部分かもしれないんですけれども、そういうパンフレット資料の扱い方が、どうしても研究会の中で課題になっている。

先ほども申し上げましたけれども、新聞の切り抜きがとても面白かったので、いろいろ扱ってみますと、もう完全に両極に分かれるというか。単に、必要なので切り抜いたもの、あるいは人からもらう切り抜きがありましたし、あとはほんとに自分が必要かどうかはともかく、関心として集めているもの。それは非常に系統性があって、ある人が書いたものを、ずっと集めてたりするんですね。

そうじゃないと、単発的な切り抜きがちらほらあったりする。これはどう考えたらいいのかということは、とても関心をそそられた記憶があります。そのうち実際に研究に使えるのはどれかというと、これはなかなか難しい。

城山　皆さんのお話に出ている、トータリティと零細性は、一見すると相反していながら実は表裏一体になっているというんでしょうか。それをどう処理するかということで、やはりなんらかのデータベースがあって俯瞰しないとむずかしい。そこにはモリソン本人が気がついていない、バイアスもあるのかもしれないし、今おっしゃったような、いろいろな、偏りであるとか、特徴みたいなものがあるかもしれない。それが出てくると、このパンフレット全体を使って考えるという意味では、一つ方法的に乗り越えることとなります。ただし、すごい時間がかかる。そういうのがあったらいいなということなんですけれども。今のお話を伺っていたら、あらためて、そう思いました。

岡本　でも、データベースは完成したら、それで終わり（笑）。作っているときは、目標があっていい感じなんですけど。

松重　その点は、研究成果の社会的還元ということで、今後の課題にも関わる部分があると思います。データベース化というのが、最終目標ではないのですが、やはり必要な作業だとも思っています。その際に忘れてはいけないのは、どのような検索システムを構築するかで、絞り込み検索だけではなくて、拡張的な検索、最近の図書館学で言うところの、ディスカバリ・インタフェースのような、要は私たちの思考の幅をより広く保てる検索システムの構築が大切だと思います。

そのような検索システムまで考えていくと、恐らく、モリソンパンフレットというものを縦横に使えるツールが手に入ることになると思います。それだけではないんだと思いますけれども、そういうものにつながっていくんだろうという気がします。そのためには、より多様性を備えたメタデータの作成が必要となりますが、その際に、われわれが論文集で示すこととなっている資料の見方が、有益な情報になると思われます。私たちの歴史研究成果を情報工学の専門家の方に提供しながら、仕事をしていくことも研究成果の社会還元の一つの方法になるのでは、とも思っています。

岡本　そうですね。そこは今後の……

吉澤　大変な作業ですね。
岡本　期待したいと思います。
吉澤　もう一世紀かかるようなことかもしれません（笑）。
松重　ああ、そうですね。
岡本　でも、パンフレットは「白眉」って、それこそ、われわれの一つ、二つ前の世代では言われながら、結局はあまり使われてこなかった資料ではあったわけです。やっと、この一〇年ですけど、そういうパンフレットというのを前面に出して、一応研究をやってみて、それならできるというような形になってきたので。これで終わりにならないでほしいというのは、やってみたわれわれとしての希望です。

そのために、ほんとにデータベースは必要。データベースという形かどうかはともかくとして、おっしゃったように俯瞰できないと、始まらない。われわれの研究はようやくそこまでわかるようになってきたわけですので。
松重　それは恐らく、二一世紀の後半部分で、この資料群の価値を検証していくためにも必要だと思うんですね。基本となるデータベースとそのメタデータをより豊かにしていくというのは、それこそ、これからの五〇年みたいな形で求められてくるのではと思います。

二〇世紀の初頭に日本にやって来たモリソン文庫が、あらためて世界に向かって、発信し直すということで言うと、非常に重要な役割を、情報工学的なものとリンケージしながら、進めて行くというのは、新たな東洋文庫の課題の一つだと思われます。そして、そこにわれわれ、歴史研究者が、どういうふうにタイアップしていくのかということも、大切な課題だと思います。

吉澤　今、ネット上で、PDFで見られるものが、少しずつモリソンパンフレットの中にも出てきて、このように簡単に見られるというのは、やはり大変便利なことです。ぼく自身、割合東洋文庫の近くに住んでいるわけですけど、日参してあれを読むというのは、院生のときにはやったけれども、今やその時間はありません。ものを調べるというのは、調べようと思ったときにすぐ調べられるかどうかが大切です。ネット上に公開されると、検索も重要なんですけれども、世界中の人が容易に使えるようになる。

それは、いい面もあれば、原本をちゃんと見なくなるという、もちろんいろいろと問題はあるかと思うんですけれども、ただ、世の中の流れとしては、ネット上で資料が見られるようになるという方向なので、どのようにそういうものに加わっていくのかが、少し問題にはなるでしょうね。

岡本　おっしゃったことは、とても重要です。それこそ私も、院生の時代に、京都から。

吉澤　そうですよね。大変ですよね。手で写したりするから、時間がかかる。

岡本　一枚一〇〇円以上の時代ですよ、コピーが。これは筆写しますよ。一応活字資料で読めるので写せるわけですけど、横についているモリソンの手紙とかは読めないんです。筆写するのは無理。それでもうとにかく、何泊できるかとか、手持ちのお金がいくらあるとか、そういう世界で。われわれの世代の大学院生のときは、一枚一〇〇円で、ほんとにアルバイトをして稼いだお金が、そこに消える。当時同級生、いま島根大学の富澤芳亜さんとよく話しましたが、「ストイックな金の使い方をしてるな」という、そういう青春でしたね（笑）。

松重　今言われたように、われわれ研究者レベルでもそうですし、恐らく、吉澤先生もおっしゃったようなことも踏まえてやっていくと、これは研究者に限らず、利用する様々な社会層にも、いろいろな形で広がっていくんだと思いますね。

吉澤　そうでしょうね。

松重　遠くの人たちへの利便性の向上ももちろんですし、例えば、これから高校歴史教育の現場で導入が始まるアクティブ・ラーニングのような場面でも、面白い使われ方をしていくと思いますね。

とは言え、問題点もあることも事実で、先ほど指摘された原本をみることの大切さが等閑視されるということや、東洋文庫のロイヤリティーをどう考えるかということも問題ですよね。

吉澤　大変な問題ですよね。

松重　資料は、手もかけず自然に、お金もかからず保存され公開されてきたわけじゃないわけですから。

吉澤　そうです、そうです。

松重　多くの人の努力と、資本も使ってやってきたわけです。そういうことも踏まえて、乗り越えなきゃいけないことは、多分にあるという印象は持ちますね。

斯波　田中一成さんらの東洋文庫図書部で、今年は一〇〇周年があるので思い立って、データベース化しようとやってきています。それで今のお話を聞いて、この作業にはアドバイスしないといけない。そういうニーズに合った仕組みをつくらないといけませんね。すでに始まったから、終わりまでいくと思います。一応検索つきのデータベースですという、それが売りなんですけど、実際使う人の目から見て、こういうのを作ってほしいというのが、事前にあったらよかった。どうやっていったらいいか、あらためて考えていかなくてはいけない。使う人の身になったのをもう一遍作るか。間に合うなら。どうしたらいいですかね。

吉澤　そうですね。やはり技術的、機械的なことというのは、一〇年ぐらいすると、今では予測しきれない進歩があるので、そこまで読み切ってデータベースを構築するのは無理かなという感じもあるので、ある程度作りながら改良していくということしかあり得ないのかなと思います。検索をかけるときの、コンピューターの能力ですね、そういうのも一〇年後に何桁も違うレベルに達するかもしれません。そうすると、今作った仕組みが、一〇年後に最適かどうかはわかりません。

使う側は、ぼくもそうですけど、メカのことはわからないので「こうしてほしい」と希望を出しても、技術的にできないということもある。例えば、マシンに負荷が掛かりすぎるから無理だとかですね。だから試行錯誤しながら改良していくということしか、あり得ないように思うんです。

松重　そのためにも、いろいろな人が集まって、常に作業が継続できるような場所みたいなものが必要ですよね。

岡本　初めてパンフレットを扱ったとき、手書きをしに行ったことから考えたら、思いも寄らないような事態になっているわけですので、今後どうなっていくのか。それはわからない。逆に言うと、パンフレットでも、ライブラリーでもいいんですけど、常に扱い続けてないといけないということはあるわけです。データベース構築という目的だけに限らずですけど、技術の進歩とか、あるいは研究層の拡大とかいうことも含めて、じゃ、プロの研究者はどういうスタンスで、どう資料を扱うのかということを、常に意識をしながら考えていく必要があります。

今回のこのパンフレットの一〇年間というのは、単に面白かっただけではなくて、そういう意味でも意義深かったかなと。いろいろなことが見えてきて。それは成果だけではなくて、課題がむしろ多いとは思うんですけれども。そういう際、どう続けていくか。そのことは次の課題にもなっていくのかなという形ですね。もうわれわれは歳を取ったので、若い人たちが、どうやってくれるかと、若干思わないでもない。

松重　研究レベルでは、私たちの論集が刊行されたことで、ある種の「こういうものがありますよ」というサンプルというか、モデルは提供できているじゃないかという気がしています。ただ、それを、どう今後生かしていくのかということは、それこそ新しい世代に向かってかもしれませんが、このモリソンパンフレットを使っていく人たちには、やはり投げかけておく必要はあると思いますね。それは、ちゃんと言葉にしておかないと「終わりました。お疲れさまでした」では、ちょっと寂しいものがある（笑）。

思いつくままということなのですが、モリソンパンフレットを歴史研究で利用することの意味、とりわけ日本の知的な空間の中でどのような意味があり、そのことは同時に、世界的にどのように位置づけられるものかというのは、文庫になぜあるのかという問題とも込みで、考えておいてもいい大きな課題として残っているんだろうなという印象は持ちました。
この点は、われわれの研究会では必ずしも十分顕在化させる形で検討してこなかったのではないかと思います。その意味では座談会1で話された、斯波先生、濱下先生、中見先生といった、ある意味、戦後の日本における歴史研究で、最初にモリソンパンフレットを利用された世代のお話は、こういう言い方は失礼かもしれませんが、生き証人的な内容になっていて、私たちがこの問題を考えていく上で示唆に富む内容が含まれているのではないかしも考えています。

岡本　そうです、そうです。

松重　だから、今やっておかなければいけない。

岡本　はい。いかにして、文字にして残しておくかは、とても重要ですね。

松重　大事になってきましたね。

岡本　今回の仕事に関してあらためて榎一雄先生の論文を読んで、知っておかないといけない話ばかりだったんですけれども、やはりそれを読むまでは、スコンと忘れていることがいかに多かったかと。東洋文庫の成り立ちとかも含めてですね。それこそ、石田幹之助の「東洋文庫の生れるまで」がありますけど。ああいうのを読むと、日本が置かれている、知的な環境ということ。こういうグローバルな時代、日本人が日本人として世界史とかアジア史しか、どう考えていくのかは、常に意識しておかないといけない作業なので、それは松重先生がおっしゃったように、東洋文庫の存在そのものが、まさにそれになるということでもありますので。パンフレットだけ並べて考えていたら、最後になって、そういう大きなことをあらためて自覚させられたというのも、巡り合わせかなという気もします。

松重　もちろん、パンフレットを見ることは至福の時間でないわけはないんですが、研究者には（笑）。「おお！」とか言いながらですね。しかしそれはちょっと……。

岡本　それで終わりたかったなという部分もあるんですが（笑）。なんか、ほんとに零細な記述で、そこだけ読んで没入していたら、幸せなんですけれども、その背後には、たくさんの背景があって……、そういうことがどれだけ自覚的にできるか。

松重　そうですね。研究会レベルでいくと、もちろん世界史的な視点から、モリソンパンフレットは使ってきましたが、やはりモリソンが関わっていた東南アジアとの関係に対する、十分な検討ができなかったということもありましたね。先ほど、タイの話が出ましたけれども、あのあたりをどう考えていくのかは、残された課題だと思います。同様なことは、オーストラリアとモリソンの関係に関しても言えるのではないかと考えています。われわれは東アジアのことを考えるときに、アジア太平洋戦争までは、オーストラリアというのはあまり視界に入ってこないような気がしています。もちろん、モリソンに関する先行研究には、モリソンにとってのオーストラリアの安全保障が持つ重要性を明示した成果もあるのですが、私自身は、コレスポンデンス（書簡）まで下りていっていくと、そういうのが見えるのかもしれませんけれども、パンフレットを見る範囲では、私自身はモリソンとオーストラリアの関係を際立たせるようなものを見つけ出せませんでした。

吉澤　うん。うん。

松重　もちろん今、オーストラリアに重要なモリソンの資料は眠っているし、残っているわけですけれども。一九世紀の終わりから二〇世紀のアジアや世界政治におけるオーストラリアのプレゼンスを、どう考えるのかということは、残された課題になっているような気がしています。

吉澤　ええ。これは大きな問題ですね。

城山　多分、そこに関する勉強が、私のほうで足りてないと思うんですね。

岡本　彼の最初の著書が、冒険紀行ですけど、『中国のオーストラリア人』（*An Australian in China*. 図4、また本書五一頁参照）というタイトルですよね。「オーストラリア人」と言っているのが、単にめずらしいというか、書名としてアピールするからそう名乗っているのか、それとも、モリソンのアイデンティティーとして、オーストラリア人というのがあったのか。

中国のほうが終わったら、オーストラ

リアの政界に入ろうみたいな話は、どうもあったようですので、問題は一定の帰属意識、アイデンティティーみたいなものが、コレクションとか、彼の業績にどう反映しているか。そういうことをつかみ出すのは、中をおいてはないだろうという気もして……。

おっしゃったように、コレスポンデンスの非常にプライベートな部分では出てくる話なのかもしれないけれど、どこまでというのは、なかなか。逆に言うと、オーストラリアを位置づけるのは難しいというのが、私の感触ではあります。非常に難しいかもしれない。

吉澤 そうですね。当時の北京にはイギリス人が、一定の人数いるわけですよね。その中にモリソンがいて、どういう位置づけだったかという、そのことがあまりよくわからない。オーストラリア人というのは多分、ほかにほとんどいないんだろうと思うんです。北京の外国人サークルの中にモリソンがいて、なかなか有力な人物で、しかも、ロンドンに記事を送っている。でも、イングランドやスコットランドから来た人から、どう見られていたのか。そういう人間関係は、一応考えておく必要があるとは思います。ほとんどほかに、オーストラリア人が中国で活動したって、聞いたことがないですね。

だからそういう意味では、モリソンの例は非常に興味深い。当時のイギリス本国人と、オーストラリア人の関係がどういうものだったか。

そしてオーストラリアの安全保障を、イギリス帝国全体の問題と切り離して考えるような思考が、どのくらい普通なのか、特異なのかということも、評価しなくちゃいけない。

松重　日本側の記録を見ても、もう一九二〇年代の終わりには、オーストラリア人という部分は、落ちてきている印象があります。「イギリス公使の下で活躍していた人物」で蔵書家だった人といった類いのもので、モリソンを彩る国家はオーストラリアではなく、イギリスになっています。別言すると、北京でイギリスの下で働いているオーストラリア人というイメージが前面に出ている印象です。生活の糧もイギリスからもらって。

岡本　彼のサークルというよりは、まずは『タイムズ』ですね。そこは重要という気はしますけど。その中で、オーストラリア人、みたいな感じなんでしょうか。たとえば、同じジャナリストで、座談会1や奈良岡聰智さんの論文で出てくるドナルドという人物も、オーストラリア人ですが、研究ではモリソンと同じような扱いではないでしょうか。

松重　ドナルドはオーストラリア生まれですが、アメリカ国籍です。日露戦争時に『タムズ』の戦時通信員として東京にいたなどの経歴から、当時の日本側から「モリソンの後継者を以て自任する」と目されていたこともありました。こうしたオーストラリアの問題はおまけみたいなんですが、ちょっと引っかかっていたので、こういう機会に聞いてみようと思ったんです。

岡本　いや、多分それは、とても残された課題。

吉澤　大きな課題ですね。オーストラリアについて、あまり考えてないからいけないんですね、きっと。考えるべきことも、きっと考えてないんです。

岡本　でも、モリソンパンフレットを扱ってみないと、浮かび上がらない。

松重　そういうテーマだと思います。まさしくそうだと思いますね。

岡本　一〇年かけて、やっと。

吉澤　やっと。

岡本　わからないことが（笑）。

吉澤　無知の知というのは、大切なんです（笑）。

岡本　おっしゃるとおりですね。わからないことがわかったというところが、われわれの成果だったので、わからないことは次の世代。どうしてもそういうことになるんだろうと思うんです。学問はリレーですので。今後も頑張っていただくべき人がたくさんいるので、受け継いでいってほしいと思いますし、われわれも、もうちょっと勉強をして、ということだろうとも思います。

（二〇一七年三月一〇日　於東洋文庫理事長室）

あとがき

光陰矢のごとし。少年老い易く学成り難し。

東洋文庫文庫長の斯波義信先生の慫慂を受け、公益財団法人東洋文庫所蔵の「モリソンパンフレット」を包括的に検討する共同研究をはじめてから、はや一〇年になる。省みて、これほど上の格言が身にしみたこともない。

パンフレットコレクションは東洋文庫の「モリソン文庫」のなかでも、モリソンと同時代の極東問題に関わる時事資料が多く、その価値は高い。しかも従来、必ずしも十分に利用されてこなかったものである。

そこで斯波先生と東洋文庫のご支援をいただき、パンフレットの調査検討を通じて、近代東アジア史をみなおす研究に着手した。二〇〇八年、研究会の発足にあたって、三菱財団から研究助成を得、さらに日本学術振興会から科学研究費補助金（ＪＳＰＳ科研費23320150; 26284108）を得て、共同研究を継続することができた。ご高配くださった関係各位に感謝したい。本書もその成果の一部にあたる。

研究会では、モリソンパンフレットの書誌解題を作成して、著者名・書名にくわえ、内容からも情報検索を可能にする、デジタル・データ化の作業にあたる一方で、パンフレットコレクションにある零細な資料を具体的に調べて、同時代の資料と相互参照しながら、歴史そのものをみなおす研究をすすめた。

その中間報告的な成果として、二〇一二年に論集『モリソンパンフレットの世界』（東洋文庫論叢第75）を、また二〇一六年には、その続編『モリソンパンフレットの世界II』（東洋文庫論叢第79）を刊行した。そして「モリソン文庫」渡来一〇〇周年の今年、最新の研究成果を取り入れて、上の既刊二冊を改訂増補し、より使いやすいように合冊で再刊する準備をすすめている。いずれもモリソンパンフレットに対する個別研究であると同時に、パンフレット資料を今後いっそう活用できる手引きになるようにした。

昨年度の末、そこまで話がすすんでいたとき、斯波先生からふたたびお勧めいただいたのが、本書の編集である。上の三つの論集は、あくまで研究者を対象とした学術書であって、想定する読者は決して多くない。しかし東洋文庫も東洋学も、いまや社会の広いご理解とご支持を得なくては、たちゆかない時代になりつつある。「モリソン文庫」渡来一〇〇周年を記念するこの機会に、モリソンの蔵書、なかんづく世間には無名にひとしいパンフレットを紹介し、ひろく江湖にアピールすべきだとの趣旨には、深く共鳴を覚えた。

そこで共同研究の成果をわかりやすくリライトした文章を中心に、本書を構成してみた。これで及ばずながら、ひととおりモリソンの事蹟と蔵書、その両者をつなぐパンフレットコレクションのあらましがわかるようにしたつもりである。これでは歯ごたえがない、まだ物足りないと感じられた向きには、既刊の『モリソンパンフレットの世界』、もしくは近刊の再刊合冊本を繙き、学術の世界もぜひ覗いていただきたい。

そうはいっても、本書の座談会でいくたりの発言があるように、「モリソン文庫」とりわけパンフレットコレクションの研究は、まだまだ課題山積である。一〇年は長い年月ではありながら、やはりあまりにも短い。一〇〇周年の記念出版である本書は、われわれにとっても一つの節目である。また心機一転、あらためて研鑽をすすめていきたいと思う。

本書を編むにあたっては、斯波義信先生はじめ、座談会に参加、あるいは本論を執筆いただいた先生がたはもとより、図版の掲載に尽力いただいた東洋文庫の普及展示部と図書部のみなさん、そして最後まで粘り強く編集を担当いただいた勉誠出版の吉田祐輔さんから、惜しみないご協力を得た。衷心の謝意を表したい。

二〇一七年七月　　岡本隆司

執筆者一覧（五十音順）

岡本隆司（おかもと・たかし）：京都府立大学教授、東洋文庫研究員。

斯波義信（しば・よしのぶ）：大阪大学名誉教授、東洋文庫文庫長。

城山智子（しろやま・ともこ）：東京大学教授、東洋文庫研究員。

中見立夫（なかみ・たつお）：東京外国語大学名誉教授、東洋文庫研究員。

奈良岡聰智（ならおか・そうち）：京都大学教授、ロンドン・スクール・オブ・エコノミクス客員研究員。

濱下武志（はました・たけし）：東京大学名誉教授、東洋文庫研究部長。

平野健一郎（ひらの・けんいちろう）：東京大学・早稲田大学名誉教授、東洋文庫普及展示部長。

松重充浩（まつしげ・みつひろ）：日本大学教授、東洋文庫研究員。

村上　衛（むらかみ・えい）：京都大学准教授、東洋文庫研究員。

矢吹　晋（やぶき・すすむ）：横浜市立大学名誉教授、東洋文庫研究員。

吉澤誠一郎（よしざわ・せいいちろう）：東京大学准教授、東洋文庫研究員。

人名索引

【さ行】

【た行】

【な行】

【は行】

【ま行】

【や行】

【ら行】

G・E・モリソンと近代東《きんだいひがし》アジア

東洋学の形成と東洋文庫の蔵書《コレクション》

2017年9月15日　初版発行

監　修　公益財団法人 東洋文庫
編　者　岡本隆司
発行者　池嶋洋次
発行所　勉誠出版 株式会社
〒101-0051　東京都千代田区神田神保町3-10-2
TEL：(03)5215-9021(代)　FAX：(03)5215-9025
〈出版詳細情報〉http://bensei.jp

印　刷　太平印刷社
製　本　若林製本工場

ISBN 978-4-585-22189-0　C1020

アジア学の宝庫、東洋文庫
東洋学の史料と研究

東洋文庫の貴重な史料群は、いかにして収集・保存され、活用されているのか。学匠たちが一堂に集い、文庫の歴史と魅力をひもとき、深淵な東洋学の世界へ誘う。

東洋文庫 編・本体二八〇〇円（＋税）

東インド会社とアジアの海賊

東インド会社と現地の海賊たちは善と悪という単純な図式では表せない関係にあった。両者の攻防と、活動の実態を明らかにし、海賊の多様性を歴史から読み解く。

東洋文庫 編・本体二八〇〇円（＋税）

書物学 1～11巻（以下続刊）

これまでに蓄積されてきた書物をめぐる精緻な書誌学、文献学の富を人間の学に呼び戻し、愛書家とともに、古今東西にわたる書物論議を展開する。

編集部 編・本体各一五〇〇円（＋税）

「近世化」論と日本
「東アジア」の捉え方をめぐって

諸学問領域から「日本」そして「近世化」を論究することで、従来の世界史の枠組みや歴史叙述のあり方を捉えなおし、東アジア世界の様態や変容を描き出す画期的論集。

清水光明 編・本体二八〇〇円（＋税）

東洋文庫善本叢書 第二期——全12巻

監修◎公益財団法人 東洋文庫
解題◎石塚晴通・小助川貞次・豊島正之・會谷佳光

第一巻……国宝 史記 夏本紀・秦本紀……本体二五〇〇〇円（＋税）
第二巻……重文 ドチリーナ・キリシタン 天草版……本体一四〇〇〇円（＋税）
第三巻……重文 楽善録 宋版・円爾旧蔵……本体七〇〇〇〇円（＋税）
第四巻……サクラメンタ提要 長崎版……本体五七〇〇〇円（＋税）
第五巻……国宝 毛詩◇重文 礼記正義 巻第五残巻……本体二六〇〇〇円（＋税）
第六巻……梵語千字文◇胎蔵界真言……本体二五〇〇〇円（＋税）
第七巻……国宝 古文尚書 巻第三・巻第五・巻第十二◇重文 古文尚書 巻第六……本体四〇〇〇〇円（＋税）
第八巻……聖教精華 FLOSCVLI……本体五二〇〇〇円（＋税）
第九巻……国宝 春秋経伝集解 巻第十◇重文 論語集解 文永五年写巻第八……本体二九〇〇〇円（＋税）
第十巻……天正十八年本 節用集……本体三八〇〇〇円（＋税）
第十一巻……重文 論語集解 正和四年写……本体九八〇〇〇円（＋税）
第十二巻……国宝 文選集注 巻第四十八・第五十九・第六十八・第八十八・第百十三……本体九八〇〇〇円（＋税）

世界に誇る白眉の書物を原寸原色で初公開

全12巻揃◎五十七万二千円［呈・内容見本］